Ullstein Sachbuch

Joachim Fernau

Wie es euch gefällt

Eine lächelnde Stilkunde

Ullstein Sachbuch

Inhalt

Zuvor eine notwendige Erklärung, ohne die 8
Wir 11
Jugendstil, die letzten Tage im Paradies 32
Ein Kind der Sünde 47
Die Ismen 66
Wer war Gottlieb Biedermaier? 84
Klassik — Liebling der Diktatoren 101
Rokoko — ein Sommernachtstraum 121
Das große Barockspektakel 143
Renaissance — Zeit der Habichte und der
Nachtigallen 166
Unsere große Liebe — die Gotik 189
Steinerner Frühling 214
Lexikon 235

Karl der Große gründet Frankenreich.
Läßt volkstümliches Liedergut sammeln.
Bewunderung für Gotenreich.

Otto der Große gründet deutsches Reich.
Burgen überziehen das Land.
Ende der ungarischen Raubzüge nach der Schlacht auf dem Lechfeld.
Bauaufträge für Dome.
Geschichtsschreibung blüht.

KAROLINGISCHE EPOCHE

800

850

900

950

1000

1050

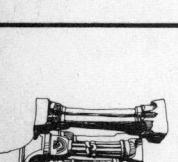

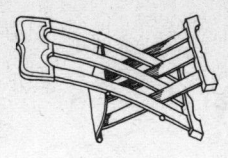

aus religiösem Fanatismus, später aus politischen und merkantilen Überlegungen. Troubadoure und Minnesänger.

Einsetzen der Mystik.
Thomas' von Aquino Scholastik. Dämonenglaube.
Hinrichtung Konradins. Die »kaiserlose Zeit«.
Raubrittertum.

Heinrich VII. wird neuer Kaiser (1312).
Die Inquisition wütet (Dominikaner).
Vorherrschaft Frankreichs bahnt sich an.

Pestepidemien setzen ein.
Erfindung des Schießpulvers.

GOTIK

ROMANIK

1150
1200
1250
1300
1350
1400

Zuvor eine notwendige Erklärung, ohne die ...

... Sie das Buch zwar auch verstehen würden, aber es vielleicht mit einer nicht ganz richtigen Erwartung aufschlügen.

Dies Buch soll kein professorlicher Leitfaden, kein wissenschaftliches Lehrbuch sein, sondern eher eine Art »Erkennungsbuch«, ein — wie die Zoologen es nennen würden — Bestimmungsbuch. Noch besser könnte man sagen »Begreifungsbuch«, wenn es das Wort gäbe; was es leider nicht tut. Begreifen ist mehr als Erkennen, auf jeden Fall schöner. Es ist für einen Sohn keine besondere Leistung, seinen Vater zu erkennen; ihn zu begreifen dagegen sehr. Er trägt einen Schnurrbart, gut, aber warum trägt er einen Schnurrbart? Oder er ist verschwenderisch; also — warum? Er hat Lebensangst — warum?

»Begreifungsbücher« sind keine langen Romane, aber auch keine polizeilichen Steckbriefe, sondern eher blitzartig beleuchtende Briefe von Entdeckungsreisen, wie sie vielleicht Alexander von Humboldt diktiert, aber Bernard Shaw niedergeschrieben hätte. Und damit sind wir bei dem springendsten aller Punkte.

Ich meine die »leichte Hand«, also das, was so verpönt auf deutschen Kathedern ist. Dabei gibt es nichts Schöneres und zugleich Hilfreicheres im Lernen und Begreifen, als ein geistreiches Wort, einen Gedankenblitz, eine komische Assoziation. Kein tausendseitiges Buch kann eine Möwe besser charakterisieren als das berühmte Wort von Morgenstern: »Die Möwen sehen alle aus, als ob sie Emma hießen.« Gelegentlicher Unernst, Scherz kann eine unschätzbare Gedächtnisstütze sein.

Seien Sie daher nicht überrascht, wenn Sie (was wir hoffen wollen) beim Lesen dieses Buches Vergnügen haben sollten. Natürlich beschränkt sich das auf den Teil, wo es hingehört: auf die Charakterisierung eines Stils, das Lebendigmachen einer Zeit. Solche Kapitel, die den Lagerhaltern der Wissenschaft nicht unbedingt gefallen werden, finden Sie vor jede Epoche gesetzt. Sie werden auch sehen, daß der Text sich nicht vor individuellen Werturteilen scheut. Warum auch heucheln? Die Kunstgeschichte ist keine exakte Wissenschaft und lebt von den Zutaten des Herzens.

Auf die Charakterisierung der Stilepoche folgt sodann jeweils eine nüchterne, rein fachliche Übersicht. Die Aufzählung der Künstler stellt natürlich nur eine Auswahl dar; manche erscheinen in mehreren Rubriken und sogar Epochen, wie es der Stilwandel in einem langen Leben mit sich bringt. Daran schließt sich jedesmal ein Bildteil, der den Menschen der Zeit, die Baukunst, die Malerei, die Plastik und das Kunsthandwerk möglichst typisch zeigt und in den Unterschriften erläutert. Eine synoptische Zeittafel und ein Wörterbuch der Fachausdrücke beschließen das Buch.

Wenn Sie es vom Anfang bis zum Ende lesen, werden Sie auf eine zweite Überraschung stoßen: Sie werden merken, daß Sie es in Wahrheit umgekehrt vom Ende bis zum Anfang gelesen haben. Tatsächlich, es beginnt mit der Gegenwart und geht rückwärts in die Vergangenheit. Der

Grund war nicht der Wunsch, originell zu sein, wahrhaftig nicht, sondern die Erkenntnis, daß es eigentlich ein durch nichts gerechtfertigter alter Zopf ist, stets in grauen Vorzeiten zu beginnen, die wir ja doch nur von heute aus rückblickend verstehen können. Wir leben im Heute. Zurückzugehen vermögen wir, aber als sozusagen Ahnungslose bei Null noch einmal Aufstellung zu nehmen und vorwärtszugehen, nicht. Das war der Grund, die Sicht einmal umzukehren.

Daß diese Stilkunde keinen Anspruch erhebt, die ganze Welt zu umfassen, verrät schon ihre schlanke Linie. Im Mittelpunkt soll die deutsche Stilgeschichte stehen. Wir wollen auch nicht bis in die Steinzeit zurückgehen; das mag ganz interessant sein; aber während wir zuhause und auf Reisen sehr oft auf Gotik und Romanik stoßen, passiert es höchst selten, daß wir einem echten Neandertaler begegnen.

Was ein Stil ist, ist bekannt: ein gerader, stabähnlicher Griff, zum Beispiel an der Bratpfanne. Dann schreibt er sich mit »ie«. Ursprünglich aber schrieb er sich ohne e, denn er kommt aus der gleichen Wurzel, dem lateinischen stilus, und unter stilus verstanden die Römer den Stengel, den spitzen Pfahl, den Stiel, den Griffel und das Schreibgerät. »Cicero hat einen guten Stil«, pflegte man im übertragenen Sinne zu sagen. Es ist ein reiner Zufall, daß die Römer nicht klobigere Griffel hatten und sie vielleicht statt stilus »truncus« nannten, was etwa Knüppel bedeutet; dann würden wir heute sagen: »Der Jugendknüppel erreichte um das Jahr 1900 seinen Höhepunkt.«

Nachdem wir diese Konfusion entwirrt haben, sind wir schon ein gutes Stück weiter, und wir brauchen nun bloß noch festzustellen, was wir modernen Menschen unter Stil ohne »e« verstehen. Das ist kinderleicht; am besten macht man es so, wie man es beim Lösen von Kreuzworträtseln tut: Man nimmt das Lexikon und schlägt nach.

Jeder vernünftige Mensch würde das jetzt tun, sich aber damit einer großen Spannung berauben! Ich möchte Sie also, wenn Sie gestatten, zunächst weiter in der ungewissen Erwartung, was ein Stil ohne »e« ist, belassen. Statt dessen bitte ich Sie, Ihre Illustrierte aufzuschlagen.

Hinten, gegen das Ende zu, stehen unter den Anzeigen auch einige, die mit einem Foto oder einer durchschlagenden Zeichnung geschmückt sind. Da ist zum Beispiel bestimmt eine Annonce, die eine lustige Gesellschaft von zwei bis drei sechzehnjährigen Damen zeigt und zwei bis drei besmokingten kaufmännischen Lehrlingen, von denen der eine uns direkt ins Auge schaut und auf unsere stumme Frage fettgedruckt zugibt: »Mir paßt das Leben!«

Welches Leben paßt dem jungen Mann? Das Leben allgemein? Nein, denn *keine* Bauchfell-Entzündung zu haben, ist, wie ich höre, kein Grund zur Freude, nicht wahr? Er meint etwas anderes, er meint: diese Art zu leben. Er meint — merken Sie auf —: diesen Lebensstil!

Nicht minder wichtig ist eine Anzeige, die Sie ebenfalls mit Sicherheit entdecken werden, sie zeigt ein modernes Wohnzimmer, sehr aufwendig eingerichtet mit einem Flauschteppich aus Dunloplan, einer »Liege«, zwei gynäkologischen Sesseln, einem »Nierentisch«, einer »Leuchtsäule« aus Papier, einer Teakholz-Anrichte, einer schönen Musik-Fernsehtruhe, einer sogenannten Affenschaukel mit kleiner, netter fünfbändiger Bibliothek und — gegenüber — dem subtilen Bild der »Frau mit dem Fächer« aus Picassos bekannter blauer Periode. Ich würde Sie mit der Aufzählung nicht behelligen, wenn ich nicht wünschen würde, daß wir alles noch einmal gemeinsam durchgehen, um zu sehen, ob auch wirklich nichts fehlt. Wie Sie sehen, fehlt nichts, und es stimmt demnach, was das Einrichtungshaus über diese Annonce, ebenfalls fettgedruckt, geschrieben hat: »So wollen wir heute wohnen.«

Was heißt das? Was bedeutet »So wollen wir heute wohnen« und »So wollen wir leben« und »So paßt mir die Welt«? Kein Zweifel, es bedeutet: Das ist der Stil unserer Zeit.

Da ist er! Schön ist er nicht, aber da ist er, der Stil ohne »e«!
Wenn man so den Begriff aus dem Alltag herausholt, wenn man ihn auf der Straße aufhebt wie ein Fünfmarkstück, dann, meine verehrten Leser, ist das doch eine ganz andere Sache, als im Lexikon nachzuschlagen, das müssen Sie zugeben. Hier also findet man einen Fünfer auf dem Pflaster, dort hebt man ihn von der Bank ab — zwei Welten der Empfindung. Wenn man sich vorstellt, daß auch die Nürnberger zur Zeit Albrecht Dürers und die Leipziger zur Zeit Bachs und die Münchner zur Zeit Spitzwegs zu ihrem Stil weiter nichts gesagt haben als: So wollen wir heute wohnen — daß sie für ihren weiß Gott komplizierten Renaissance- und Barockstil diesen einfachen, erhellenden Satz hatten, dann fällt von dem Wort »Stil« plötzlich aller toter Staub ab, und es beginnt zu leben.

Sehen Sie: Das Einrichtungshaus hätte über seine Annonce ja schreiben können »Diesen Stil wollen wir«. Das wäre das Blödsinnigste gewesen, was es hätte tun können: es hätte zugegeben, Stilmöbel anzubieten, was außerordentlich gefährlich gewesen wäre, denn einem Stilmöbel haftet das Passé an. Es wirft auch unwillkürlich die Frage nach einem Kunstverständnis auf. Keine Epoche aber hat je ihren gegenwärtigen Lebensstil als eine Sache des Kunstverständnisses angesehen, sondern immer nur als eine ganz einfache Sache der Mode und Novität.

Nein, unser genialer Werbeleiter schrieb sehr richtig »So wollen wir heute wohnen« und füllte damit die alte Mottenkugel »Stil« mit warmem Fleisch und Blut.

Jetzt können wir auch, ohne Schaden zu nehmen, im Lexikon nachschlagen. »Stil ist die Einheit der Ausdrucksformen eines Kunstwerkes, eines Menschen, einer Zeit«, sagt der Duden.

Der Mann macht es sich leicht. Was heißt »einheitlich«, wenn ich mal fragen darf? Außer in »Abessinien« auf Sylt habe ich noch keine Einheitlichkeit feststellen können. Das wäre! Dann würde ja bis Dienstag, den 22., alles Barock, und ab Mittwoch alles Rokoko sein! Dann wäre es auch kein Geheimnis mehr, wer das Rokoko »erfunden« hat; der Ursprung wäre offensichtlich, dem Manne hülfe kein Leugnen mehr.

Nun ist dem aber eben nicht so. Ein Stil endet nicht wie eine Skatrunde, bei der ein allgemeines Jackettanziehen und der Ruf »Zahlen!« das Ende anzeigt, sondern eher wie eine Plenarsitzung in Bonn: Der eine Teil ist gar nicht anwesend, der andere weiß nicht, was auf der Tagesordnung steht, der dritte debattiert, einige rufen »Bravo«, andere schreien »Quatsch«, und gegen Abend stellt man ebenso erstaunt wie resigniert fest, daß nur noch drei Neulinge ausgeharrt haben; und man vertagt sich auf morgen.

Nein, Einheitlichkeit hat es nie gegeben. Zur Zeit, als Deutschland laut Kalender einheitlich barock hätte sein müssen, saßen die Grafen von Rübenach in Renaissance-Möbeln, weil sie sie ererbt und selbstverständlich stehen gelassen hatten, erstens, weil sie ihren Zweck tadellos erfüllten, zweitens, weil sie sowieso nicht zur Tür hinausgingen, und drittens, weil sie kein anderer hätte haben wollen. Und so stehen sie heute noch auf Burg Eltz, Duden zum Hohn.

Gekleidet aber haben sich die Rübenacher damals barock, so wie sich heute eben jedermann zeitgemäß anzieht. Man kann eine Figur von Riemenschneider haben; jedoch einen Anzug von demselben Schneider zu tragen, wäre lächerlich. Hier sind wir nun bei einer sehr interessanten Beobachtung gelandet. Warum kann man, sofern man den unbezähmbaren Drang dazu hat, auf sämtlichen Gebieten aus dem Zeitstil aussteigen, auf keinen Fall aber in der Kleidung? Die Frage ist eines Descartes würdig, und ich will sie Ihnen auch beantworten.

Zunächst einmal bietet sich die Antwort an, daß der eine Fall ja nur ein Aufbewahren eines Wertgegenstandes, der andere Fall jedoch eine Mimikry ist. Falsch natürlich, denn auf einem harten Savonarola-Stuhl unter einer byzantinischen Ikone seine Abende zuzubringen, hat nichts mit »Aufbewahren« zu tun. Aufbewahren tun Museen.

Nun könnte man vielleicht zu dem Schluß kommen, daß praktische Erwägungen im Spiele seien; man besteigt die Linie 5 besser im Einreiher als in der römischen Toga. Auch falsch, selbstverständlich. Erstens besteigt ein Mann, der eine Riemenschneider-Madonna und einen Savonarola-Stuhl besitzt, überhaupt keine Linie, und zweitens klettern zum Beispiel Inderinnen mit Leichtigkeit in jede Tram.

Eine dritte Antwort liegt noch nahe, aber die ist nun offensichtlich Unsinn: die menschliche Bereitschaft, Unfug mitzumachen, habe Grenzen.

Nein, die Antwort auf die Frage, warum retrospektive Menschen, die gern in unzeitgemäßer Umgebung leben, nicht auch in dem Wams Ulrich von Huttens durch die Bahnhofstraße gehen, lautet: Weil dieses Wams nicht mehr existiert! Wir haben so gut wie gar keine alten Gewänder mehr; Stollenschränke und Rembrandts haben sich erhalten, die Schuhe von Friedrich dem Großen sind weg. *So* ist das. Das Ei des Kolumbus.

Was lehrt die Geschichte also? Sie lehrt, daß die kürzestlebigen, die klapprigsten Dinge einer Zeit die unverfälschtesten Zeugen des Zeitgeistes sind, denn sie sind nur auf diese kurze Frist beschränkt, von ihrer Epoche geboren und mit ihrer Epoche sterbend. Alles, was stabiler ist, lebt noch lange, vermischt sich mit dem Nächsten, verwischt die Abgrenzungen der Epochen und macht uns bei der Beschreibung der Zeiten — wie wir bald sehen werden — das Leben schwer.
Andererseits verdanken wir gerade dieser Tatsache und den retrospektiven Menschen alles das, was wir heute noch aus früheren Jahrhunderten besitzen.
Also: die, die einstmals sagten »Ich denke gar nicht daran, das Neumodische mitzumachen, ich will keineswegs so leben«, diese haben für uns das gerettet, was diejenigen schufen, die sagten: »So wollen wir leben«.

Man kann das natürlich auch viel vornehmer ausdrücken; dann lautet es so: der historisch bewußte Mensch ist der Bewahrer inmitten der Verbraucher.

Beginnen wir also als historisch bewußte Menschen mit dem Schwersten, der Selbsterkenntnis.
Le style c'est l'homme. Wenn das stimmt, und es muß stimmen, weil es ein Franzose gesagt hat, so sind wir gegenwärtig eine Herde von Bürohammeln, denn der Stil unserer Zeit ist der Bürostil.
Du lieber Himmel, wenn ich noch daran denke, wie man in den Zwanziger Jahren den Zeitgeist zu durchschauen und den Stil des neuen Jahrhunderts zu benennen versucht hat! Wie man eine Zeitlang von der »feuilletonistischen Epoche« sprach, dann einmal vom »wissenschaftlichen Stil«, dann vom »rationalistischen« und vom »abstrakten«! *Masern* erkennt man nach drei Tagen, aber doch keinen Zeitgeist!

Inzwischen ist nun eine Generation verstrichen, auch der obligate Krieg ist absolviert; vieles, was erst vorläufig und dann rückläufig wirkte, ist jetzt geläufig. Nein, ich glaube, man kann es wagen: Der Stil unserer Zeit ist der Bürostil.
Das ist ja keine üble Nachrede, nicht wahr? Ich habe ja nicht »Bureau« gesagt (Gaskandelaber, Stehpulte, Röllchen), sondern »Büro«. Die Bezeichnung eines Stils nach

der Hauptkultstätte, nach dem geistigen und seelischen Mittelpunkt der Menschen einer Epoche kann wohl nicht gut diffamierend sein. Der romanische Stil war ein Burgenstil, der gotische ein Kirchenstil, dies nun ist der »Bürostil«.

Die großen Firmen, die finanzstarken, jene mit dem Millionen-Abschreibungsetat, die Lieblinge aller Finanzminister, sie sind es, die uns die Fahne vorantragen; sie auch im Privatleben zum erstrebten Vorbild zu nehmen, ist das Natürlichste von der Welt. Welche Sekretärin, deren Heimanschrift Hamburg, Kleine Soßengasse 13/V lautet, sollte nicht von der Dralon-Gesäßpfanne träumen, in der sie (grau) ebenso wie ihr Direktor (weinrot) acht Stunden lang beruflich sitzen darf? Und da auch ihr Horst-Günther durch die gleiche ästhetische Schule gegangen ist, besteht jene Übereinstimmung, die vor Stil-Fehltritten schützt. Würden Mann und Frau, Jüngling und Mädchen verschiedene Luft atmen, weil der eine hinausgeht ins feindliche Leben, der andere dagegen züchtig zu Hause waltet, so atmeten Büro und Heim sie ebenfalls. Aber wie viele Jungfrauen gibt es heute noch (lassen Sie mich ausreden), die nicht in ihren eindrucksvollsten Jahren Büroluft und -stil geatmet hätten, wie viele?

Anti-individualistisch, unpersönlich, detailfeindlich und damit phantasiefeindlich, keimfrei, »funktionell«, »pluralistisch« sind die Formeln des Bürostils, der Bienenstock-Häuser, der Wände, des Zements, der Stühle, der Gabeln, Löffel und Hausschlüssel. »Funktionell« und »pluralistisch« hängen uns noch in den Kleidern wie Zigarettenrauch, wenn wir aus dem Büro, unserer Kultstätte, abends heimkommen. Die ganze Welt riecht nach Firma.

Natürlich gibt es noch viele, die Individualisten geblieben sind, die nach 17 Uhr aus der Konservenbüchse ausbrechen; die ihr Abendbrot mit einer Gabel essen, welche statt eines Stiftes noch einen breiten Griff hat; die in Stühlen von 1890 sitzen und sich gänzlich unfunktionell alle Erinnerungen, die ihnen lieb sind, gerahmt auf den Rollsekretär stellen; die sich angesichts eines Nierentisches und eines Mondrian-Bildes unendlich mopsen; die statt fern- lieber nahsehen und dennoch die hundert Meter in 12,5 Sekunden schaffen würden und im Fußball tadellos Bescheid wissen. Es sind die, die entschlossen sind, wenigstens im Blumentopf das Paradies weiterzuzüchten, nachdem man uns alle daraus vertrieben hat.

Denn was ist das Paradies?

Es ist das Gegenteil von »funktionell«, es ist der Salut an das Unrentable.

Es ist das Gegenteil von Kahlschlag, es lebt vom Detail, vom Ornament.

Es ist das Gegenteil von Fabrikware, es will den kleinen Schöpfungsdreh.

Es ist das Gegenteil von »pluralistisch«, im Paradies sind immer nur zwei.

Das sind die goldenen Regeln.

Es wird nicht mehr lange dauern (es liegt schon in der Luft), da wird man sich wieder nach Nestwärme sehnen.

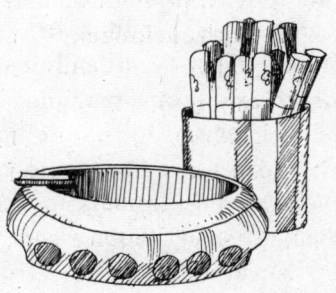

Wann?

Der »Stil« der Gegenwart bahnte sich mit der wuchernden Industrialisierung in den Dreißiger Jahren an. Seit etwa 1950 dominierend.

Wo?

Fast in der ganzen Welt.

Wie?

Bauten: Betonkonstruktionen, häufig unverputzt in absolutem Vertrauen auf die Schönheit jeden Materials an sich. Gern Hochhäuser, für die ursprünglich amerikanische Büro-»Wolkenkratzer« Vorbild waren. Funktioneller Grundriß, keine Verschiebungen, funktionsgleiche Räume sämtlicher Etagen vertikal untereinander. Fenster als rein rationelle Lichtdurchbrüche der Mauern. Auch ganze vorfabrizierte Bauten. Architektur (auch innen) völlig frei von Ornament. Kirchen und Kulturbauten: Ohne Schema, oft reine Überraschungserfindung; viel Glas. Plastik vorwiegend abstrakt, oft Stein, öfter Eisen. Malerei hauptsächlich gegenstandslos, als Farbfleck oder überraschende Technik wirksam, auch willkürlich aus Farbpistolen geschossen, ohne erkennbare Bindung an Gesetze der Ästhetik. Möbel: »funktionell«, auffallend unstabil, Deformierung der Kleintische, sonst Bevorzugung einfachster Brettmontagen, auch bei Schränken. Stühle: teils zerbrechlich, teils sogenannte körpergerechte Zweckformen. Apparaturen (Fernseher, Nähmaschinen, Stereoanlagen) in den Rang von Möbeln erhoben. Betten als rechteckige Liegen. Lampen: Neon-Leuchten. Kunststoff verdrängt Holz und Metall.

Warum?

Die nach dem Zweiten Weltkrieg einsetzende totale Industrialisierung und Diktatur der Wirtschaft kehrte den Satz von der Nachfrage und dem Angebot ins Gegenteil um: Das Angebot erhielt den Primat vor der Nachfrage. Rationalisierung und Normung konnten keine Rücksicht mehr auf Individualität nehmen. Fabrikationsüberlegungen wurden die bestimmenden Faktoren für jede Gestaltung. Büro und Fabrik, selbst Teil und Interessenvertreter der Wirtschaft, leben Normung und »Funktionalismus« vor. Schlagwortreize von »Fortschritt«, ferner das Unerschwinglichwerden von Handwerksarbeit und die allmähliche Wohnbeschränkung auf ein (kaum noch bewußtes) unwürdiges Minimum in Wohnwaben erzogen zum Verzicht auf ästhetische Problemstellungen. Eine systematische Propagierung der Kurzlebigkeit der Dinge festigte die Abhängigkeit vom industriellen Angebot.

Was?

Alle Gebiete, ohne Ausnahme, tragen den Stempel des Zeitgeistes.

Wer?

Baukunst
Aalto, Alvar (Finnland) 1898–1976
Costa, Lucio (Brasilien) * 1902
Eiermann, Egon (Deutschland) 1904–1970
Gropius, Walter (Deutschland) 1883–1969
Le Corbusier (eigtl. Charles Edouard Jeanneret, Schweiz) 1887–1965
Mayekawa, K. (Japan)
Mies van der Rohe, Ludwig (Holland) 1886–1969
Nervi, Pier Luigi (Italien) 1891–1979

Neutra, Richard J. (Österreich) 1892–1970
Niemeyer, Oscar (Österr./Bras.) * 1907
Saarinen, Eero (Finnland) 1910–1961
Scharoun, Hans Bernhard (Deutschland) 1893–1972
Stubbins, Hugh A. (USA) * 1912
Wright, Frank Lloyd (USA) 1869–1959

Plastik

Bill, Max (Schweiz) * 1908
Calder, Alexander (USA) 1898–1976
Giacometti, Alberto (Schweiz) 1901–1966
Moore, Henry (England) 1898–1986
Pevsner, Antoine (Rußland) 1886–1962
Richier, Germaine (Schweiz) 1904–1959
Wotruba, Fritz (Österreich) 1907–1975
Zadkine, Ossip (Rußland) 1890–1967

Malerei

Antes, Horst (Deutschland) * 1936
Hartung, Hans (Deutschland) * 1904
Hundertwasser, Fritz (Österreich) * 1928
Manessier, Alfred (Frankreich) * 1911
Picasso, Pablo (Spanien) 1881–1973
Poliakoff, Serge (Rußland) 1906–1969
Pollok, Jackson (Amerika) 1912–1956
Rothko, Mark (Rußland) 1903–1970
Soulages, Pierre (Frankreich) * 1919
Sutherland, Graham (England) 1903–1980
Vasarély, Victor (Ungarn) * 1908
Vieira da Silva, Maria (Portugal) * 1908
Wols (Wolfgang Schulze, Deutschland) 1913–1951

Kunsthandwerk

Eames, Charles (Amerika) 1907–1978

Miller, Herman (Amerika)
Panton, Verner (Dänemark)
Wiinblad, Björn (Dänemark)
Marimekko (Finnland)

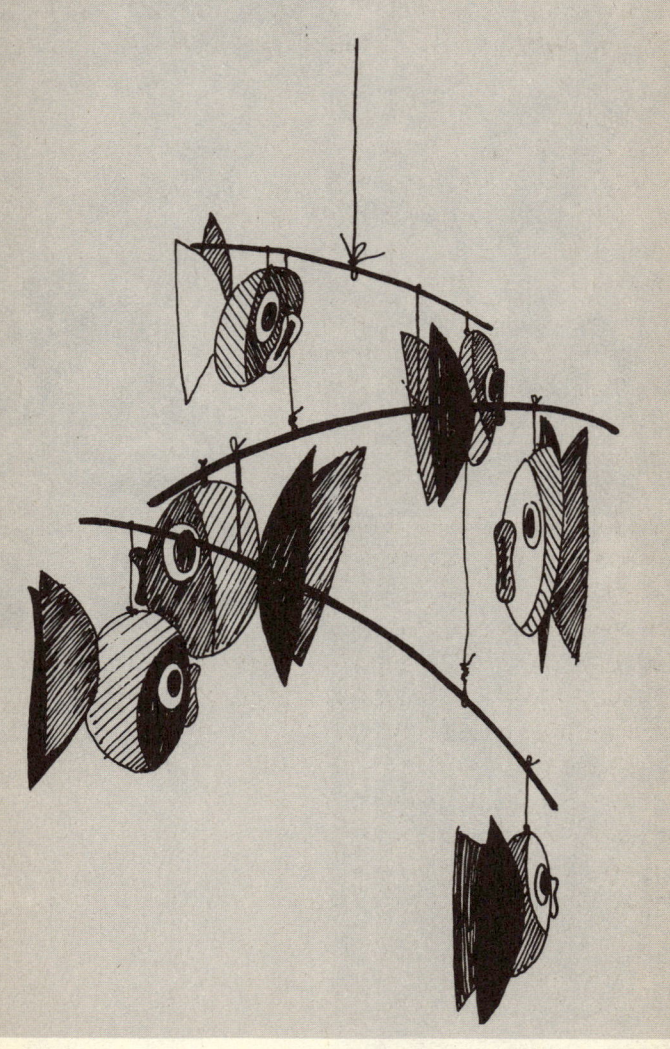

Der Massenmensch und seine Unterbringung.

Front eines zeitgemäßen Mietshauses.

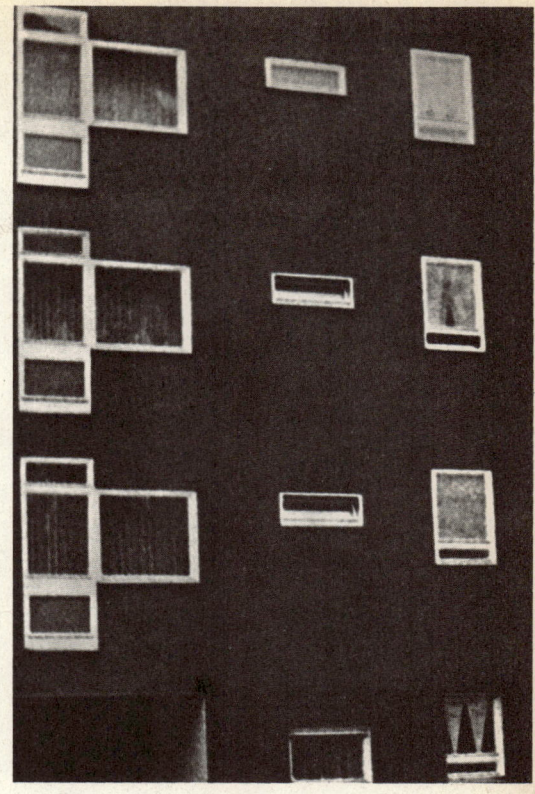

Wallfahrtskirche Ronchamp von Le Corbusier.

So empfängt uns heute unser Zuhause.

Villa. Fronten mit glasierten Platten verkleidet.

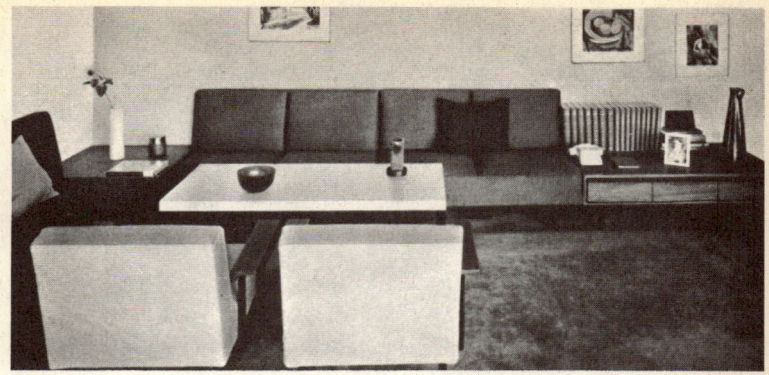

Direktoren-Büro? Wohnzimmer? Firma? Privat? Austauschbar.

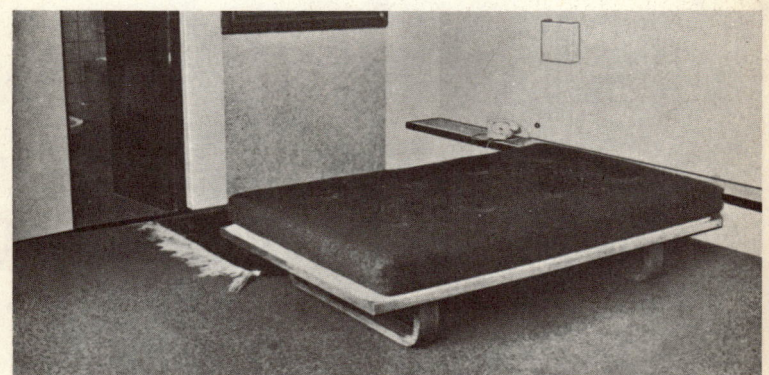

Schlafzimmer im Bundeskanzler-Bungalow.

Schneckenaufgang im Guggenheim-Museum.

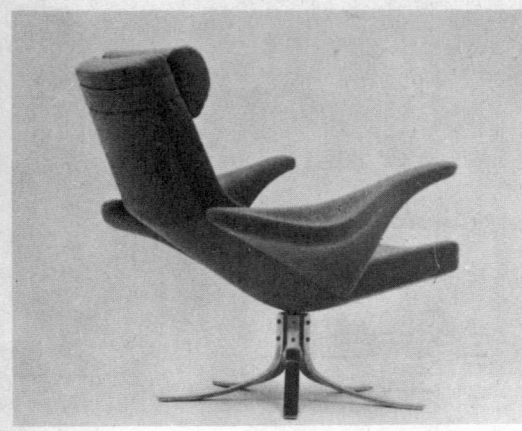

»Körpergerechter« Sessel, dänischer Entwurf.

»Formneutrale« Truhe auf Stahlrahmen.

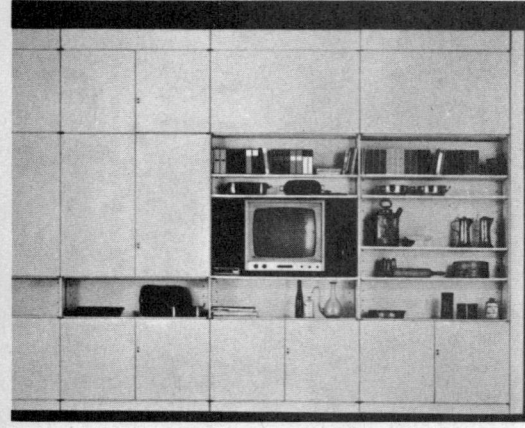

Sogenannter INwand-Schrank; reizvoll bestellt.

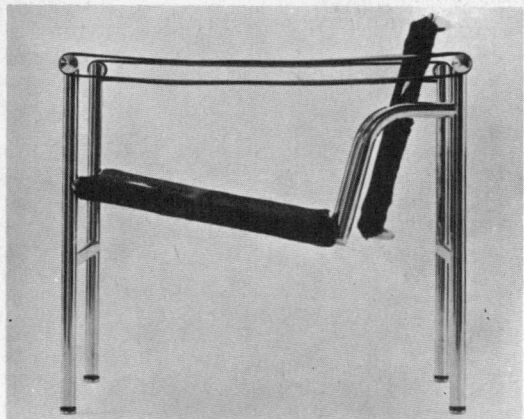

Verstellbarer Stahl-Sessel, Typ Le Corbusier.

»Fauteuil Grand Confort«, Typ Le Corbusier.

Silberne Kannen, sog. »zeitloser Stil«.

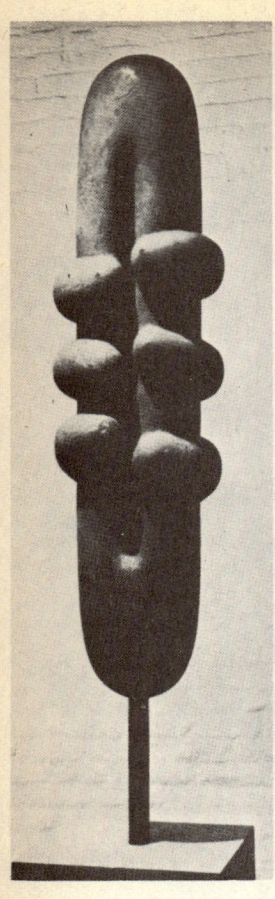

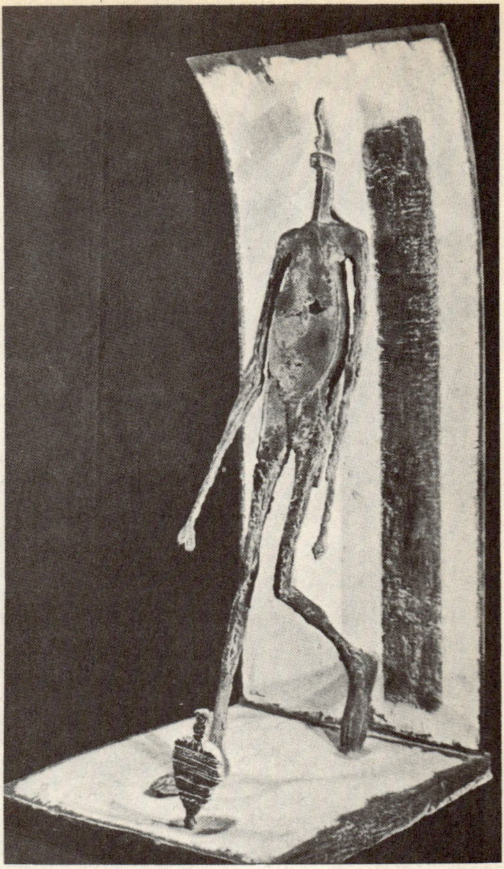

»The self«, Eisenplastik von Noguchi, Japan.

»Der Kreisel«, Bleiplastik von Richier, Frankreich.

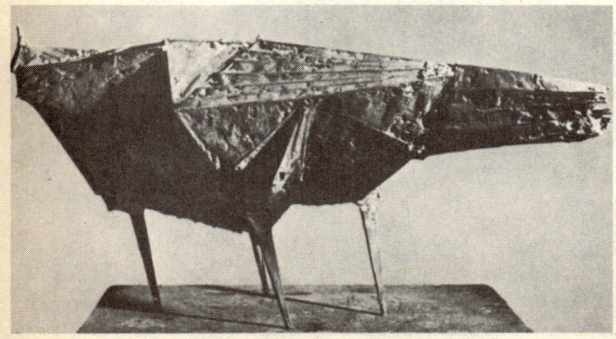

»Beast XVI«, Eisen von Chadwick, England.

»Echo«, Gemälde von Georg Meistermann.

Spritzgemälde von Jackson Pollock.

Ausstellung der monochromen Werke von A. Reinhardt in der Parson-Gallery, New York.

JUGENDSTIL —
DIE LETZTEN TAGE IM PARADIES

Unsere Väter, zumindest unsere Großväter, haben noch den letzten paradiesischen Stil erlebt. Er setzte in den Neunziger Jahren ein, erreichte kurz nach der Jahrhundertwende seinen Höhepunkt, wurde im Ersten Weltkrieg schwer verwundet und in den Zwanziger Jahren zu Grabe getragen.

Es ist der »Jugendstil«.

Das ist eine ganz merkwürdige Sache mit dem Jugendstil. Schon der Name: Der Jugendstil heißt so, weil er der Altersstil des 19. Jahrhunderts ist; wie ja auch das Münchner Oktoberfest so heißt, weil es im September stattfindet. Das hat man häufig, die Griechen nannten es Euphemismus. Viele behaupten allerdings, der Jugendstil habe seinen Namen von der 1896 gegründeten Zeitschrift »Jugend«. Das ist die alte Geschichte mit dem Ei und der Henne. Sehr wahrscheinlich, aber wenig glaubhaft, wenn ich so sagen darf. Dazu kommt, daß die Bezeichnung des Stils in der Zeitschrift selbst lange Zeit gar nicht vorkommt; erst Jahre später soll Rudolf Alexander Schröder den Namen in einem Aufsatz irgendwo anders zum erstenmal gebracht haben. Bis 1962 hätten wir Gelegenheit gehabt, Schröder zu fragen; wir haben es versäumt, und das Rätsel bleibt ungelöst.

Die Engländer und Franzosen haben dieses Rätsel vermieden, indem sie die Epoche, die auch sie durchmachten, höchst originell »modern art« und »style nouveau« nannten. Sie müssen zugeben: Das wäre uns auch noch eingefallen.

Die italienische Bezeichnung aber (Wanderer, kommst du nach Varese, versäume nicht, dort in der Nähe die Bierbrauerei, einen ganzen Fabrikkomplex im Jugendstil, zu besichtigen!) — die italienische Bezeichnung »stile floreale« aber ist wirklich treffend: der Stil, der aus der Pflanzenwelt genommen ist! Wahrhaftig, seit ich das weiß, sehe ich im Geiste alle vegetarischen Speisehäuser nur noch mit Jugendstil-Fronten.

Die Elemente des Jugendstils sind leicht zu beschreiben: Strömende, fließende, weiche Linien, Spiralen, sich verschlingende Pflanzenornamente, Flächen wie große Blätter oder wie brechende Wellen, Illusion des Zufälligen, peinlichstes Vermeiden alles Konstruierten, Vermeiden aller kahlen Säulen, aller harten Pfeiler; »blühende« Phantasie.

In der Architektur (geschwungene Linien; Dächer, Türen, Fenster weich, fließend: oft reliefbedeckte Außenwände) und in den Möbeln achtet man auf sorgfältigstes Handwerk, auf unverfälschtes Material, auf »gewachsene« Formen, und in diesem Sinne also auf Zweckmäßigkeit.

In der Malerei (Obrist, Heine, Klimt, der frühe Edvard Munch und der junge Kandinsky) meidet man wie Gift den Historismus und das anekdotische Genre, das dreißig Jahre lang als Meltau über der Gründerzeit gelegen hatte; Figuren haben nur noch symbolischen oder Gefühlswert. Entweder dienen sie in ihrer »florealen« Kleidung nur als Vorwand, um in Linien und getüpfelten

Flächen schwelgen zu können, oder sie sind nackt. Wenn ja, dann stets mit dem Haut goût des Fin du siècle, vor allem in Wien.

Fin du siècle! Eigentlich nur ein anderes Wort für Jugendstil. Fin du siècle — Musik von Richard Strauss — Jugendstil — Sezession — Plakate — Manifeste — Diskussionen — l'homme nu — Ballnächte — das Jahrhundert geht zu Ende! Weg mit den Makartsträußen, weg mit dem Plüsch, weg mit dem falschen Marmor, weg mit den Theaterportieren, mit Wallensteins Tod und Cäsars Ermordung. Das neue Jahrhundert beginnt! Es lebe nicht der Gott, der Eisen, sondern der Schlingpflanzen wachsen ließ! Ihr Mirzls und Hannerls, werdet Veras und Elviras; lieber Suffragetten als Midinetten! Die ersten Radlerinnen, die ersten Olympischen Spiele, Licht, Wald, Strand, Nacktheit, Protest, Diskussion — und plötzlich der Weltkrieg. Da *starb* man sogar, bei Langemarck, im Jugendstil.
Nach dem Kriege lebte man noch ein Weilchen mit ihm, teils weil man ihn liebte, teils weil man ihn eben noch

hatte; er war stabil, er war bestes Handwerk in Möbeln und Gerät. Aber eben weil er beste Handarbeit war und weil die Industrie das nicht brauchen kann, machte sie dem armen Jugendstil, sobald die Fabrikschornsteine wieder rauchten, den Garaus.

Plötzlich galt er als komisch. Seine tapfere Emanzipation, sein Kampf gegen die Gründerzeit, seine Bilder mit den korrekt gezeichneten Figuren, Pflanzen und Bäumen waren komisch, die Stühle, die Schränke, alles war zum Totlachen. 1925/26 war er dann wirklich totgelacht, er, der letzte Stil, der ein neues Ornamentprinzip gefunden hat; der nicht nur etwas Altes verwarf, um das Nichts des Betons zu hinterlassen, sondern eine neue Phantasie. Denn was ist Stil anderes?

Ich habe den Verdacht, daß der wundeste Punkt des Jugendstils die Tatsache war, daß er uns seine Vasen vererbte. Sie hielten es nicht aus. Sie waren zerbrechlich, hatten alsbald ein Loch und mußten von den Söhnen dann stets so gestellt werden, daß das Loch verdeckt war. Wie lange machen die Nerven das mit? Alles flog samt und sonders auf den Müllhaufen.

Heute, wo den ernstzunehmenden Kunsthistorikern dämmert, wie fruchtbar, wie kraftvoll, wie »modern«, wie geistreich der Jugendstil war, wird eine Vase des Franzosen Gallé mit mehreren hundert Mark bezahlt.

Kommt er wieder, der Jugendstil? Oh nein, nichts kommt wieder. Aber er darf jetzt wenigstens ins Museum.

Wann?

Bahnt sich schon 1890 an. Höhepunkt zur Jahrhundertwende. Ausklang nach dem Ersten Weltkrieg.

Wo?

In ganz Europa. Zentren: Wien (»Sezession«), München, Weimar (Kunstgewerbeschule), Ostende, Florenz (stile floreale, Werkstattgründung durch H. Obrist), London (Werkstatt Liberty), Nancy, Barcelona.

Wie?

Der Jugendstil ist bis heute der letzte Stil geblieben, der eine völlig neue Ornamentik hervorgebracht hat: Weiche, fließende, peitschende Linien, Wellenschläge, Wirbel, pflanzliche Verschlingungen — in der Baukunst, in der Plastik und im Kunsthandwerk gleichermaßen konsequent angewandt. Besonderes Augenmerk richtete man auf Zweckmäßigkeit von Möbeln und Gerät, Gediegenheit des Handwerks und Schönheit der Hölzer. Auch die Bildhauer begannen, Holz zu bevorzugen (I. Taschner). In der Malerei nahm die Ornamentik oft wuchernde Formen an, hinter denen sich die menschliche Gestalt geradezu verbarg. Akte bekamen einen gewissen Haut goût der Dekadenz. Blüte der Plakat- und Buchgraphik, die für ihren Zweck sogar den Buchstaben weiche, fließende Formen gab (Jugendstil-Schrift). Der Gedanke einer »Einheitskunst« (van de Velde: »Keine Trennung von Kunst und Zweckmäßigkeit«) war sehr populär.

Warum?

Neuzeitlicher Geist wünschte in seiner Lebensführung herauszukommen aus der stickigen Luft des Gründerstils, aus den naturfremden Formen, den Makartsträußen, dem Plüsch und Gußeisen. Kein Zufall, daß 1896 die ersten modernen Olympischen Spiele veranstaltet wurden, Durchbruch eines Körpergefühls und Ideals, das mit den Ideen Turnvater Jahns begonnen hatte. Freiluftbäder, Sonnenterrassen, Wanderbewegung (Gründung des »Wandervogel« durch den Primaner Fischer in Berlin) zeigen einen seit Jahrhunderten nicht mehr gekannten Kontakt mit der Natur und dem, was sie lehrt: gewachsene Formen und Zweckmäßigkeit.

Was?

Der Jugendstil hat auf allen Gebieten der bildenden Kunst Eigenes hervorgebracht, am stärksten im Kunsthandwerk und in der Graphik.

Wer?

Baukunst
Ashbee, Charles (England) 1863–1942
Behrens, Peter (Deutschland) 1868–1940
Endell, August (Deutschland) 1871–1925
Hoffmann, Josef (Österreich) 1870–1956
Gaudí, Antonio (Spanien) 1852–1926
Guimard, Hector (Frankreich) 1867–1942
Olbrich, Joseph Maria (Österreich) 1867–1908
Riemerschmid, Richard (Deutschland) 1868–1957
van de Velde, Henry (Belgien) 1863–1957
Wagner, Otto (Österreich) 1841–1918

Plastik
Dasio, Ludwig (Deutschland) 1871–1932
Taschner, Ignatius (Deutschland) 1871–1913
Wackerle, Joseph (Deutschland) 1880–1959

Malerei und Graphik
Beardsley, Aubrey (England) 1872—1898
Heine, Thomas Theodor (Deutschland) 1867—1948
Hodler, Ferdinand (Schweiz) 1853—1918 (Zeitw.)
Hohlwein, Ludwig (Deutschland) 1874—1949
Kandinsky, Wassilij (Rußland) 1866—1944 (Frühzeit)
Klimt, Gustav (Österreich) 1862—1918
Putz, Leo (Deutschland) 1869—1940
Strathmann, Karl (Deutschland) 1866—1939

Kunsthandwerk
(Kunstgewerbe und Möbel)
Ashbee, Charles (England) 1863—1942
Behrens, Peter (Deutschland) 1868—1940
Eckmann, Otto (Deutschland) 1865—1902
Gallé, Emile (Frankreich) 1846—1904
Hoffmann, Josef (Österreich) 1870—1956
Majorelle, Louis (Frankreich) 1859—1926
Obrist, Hermann (Schweiz) 1863—1927
Riemerschmid, Richard (Deutschland) 1868—1957
Tiffany, Louis (Amerika) 1848—1933
van de Velde, Henry (Belgien) 1863—1957

»Graf Kessler« von Edvard Munch (1906). Die Kleidung des Herrn mutet modern leger an. Der Hut ist künstlerisch »flott« und das Stöckchen nur noch ein Gag. Die ganze Haltung zeugt von dem neuen, freien Körpergefühl, das die Wiedergeburt des Sports um die Jahrhundertwende mit sich gebracht hatte.

»Frau Margarete Wittgenstein« von Gustav Klimt (1905). Wenn die Dame von Welt auch die extremen Reformbestrebungen der berühmten Engländerin Amalia Bloomer und Henry van de Veldes nicht mitmachte, so war sie doch froh, daß der Jugendstil dem Stahlbügel und Cul ein Ende zu machen versuchte.

Das Haus des Architekten Peter Behrens, Darmstdt (1901). In seiner Zweckmäßigkeit schon in die Zwanziger Jahre weisend.

»Haus Elvira«, München, von A. Endell (1896). Ein peitschendes Riesenornament in leuchtenden Farben beherrscht die Front.

Villa in Florenz, von Michelazzi (um 1900). Die florealen Schwünge der Loggien und Balkone brechen sogar die Fassade auf.

Feinkostladen in Barcelona (1900). Interessanter Versuch einer totalen Verschmelzung von Eingangstür, Schaufenster und Firmenschild.

Dieleneingang (um 1900). An den Pfeilern das Experiment eines Jugendstil-Kapitells.

Treppe im Haus Elvira. Extrem die Wellenlinie des Geländers und die explodierenden Stacheln auf dem Treppenabschluß.

Bibliotheks-Nische. Typisch für das neue Wohngefühl des Jugendstils ist das Zusammenschließen von Möbeln zu einem Komplex.

Großer Lichthof des Warenhauses Tietz, Düsseldorf (begonnen 1907). In diesen Zweckbauten bahnte Olbrich die Abkehr von den leidenschaftlichen Schwüngen an.

Silberner Leuchter von Henry van de Velde (1902).

Sessel von van de Velde (1899). Originaler Batik-Bezug.

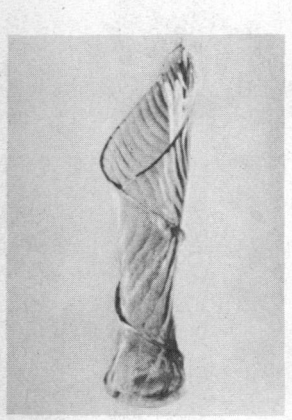

Vase aus gewickeltem Glas von Gauthier (1900).

Rundtisch und Stuhl mit ornamentierter Rückenplatte.

Vase aus mattiertem Glas mit farbigem Dekor.

Tor aus geschmiedetem Bandeisen, Barcelona (1900).

»Judith« von Gustav Klimt (1901); mit jenem für das mondäne Fin du siècle typischen »haut goût.«

»Der Wanderbursche«, Holzplastik von Ignatius Taschner, der auch den berühmten »Märchenbrunnen« in Berlin schuf.

»Selbstporträt« von Paul Gauguin (1889); wie Toulouse-Lautrec und Munch eine Zeitlang im Banne des Jugendstils.

Plakat (Farblithographie) von Ludwig Hohlwein, der bis in die Dreißiger Jahre einer der führenden Graphiker blieb.

Schreibtisch und Sessel von Henry van de Velde (1899); darüber die 1. Fassung des berühmten Hodler-Bildes »Der Tag« (1900).

Ein Kind der Sünde

Der Jugendstil war ein Protest.
Wenn man heute das Wort Protest ausspricht, leuchten die Augen der Psychologen und Soziologen auf, und sie machen sich klar zum Gefecht. Da muß es doch was zum »Ausloten« geben! Da scheint der »Fortschritt« aufgestanden zu sein gegen etwas, was faul war im Staate Dänemark! Und richtig, schon haben wir's! Es war die Gründerzeit!
Der Fall ist klar.
Ja, klar ist er, aber ein besonders eklatanter Fall ist er nicht, der Fall. Er ist eigentlich weiter nichts als der Lauf der Welt. Sie läuft, auch ohne daß etwas sonderlich faul sein müßte, weil das ihres Amtes ist. So auch hier. Wenn man will, kann man *jede* Wachablösung einen Protest nennen.
Die meisten Stil-Proteste haben keine anderen Hintergründe als die gähnende Langeweile. Niemand von den jungen, jugendstiligen Himmelsstürmern wollte damals etwa eine Bastille anzünden, keiner wollte den Fliegenden Teppich, auf dem auch er recht gut saß, durchlöchern. Sie protestierten nicht gegen das Hermanns-Denkmal, nicht gegen die Emser Depesche und nicht

gegen Kaisers Geburtstag. Sie protestierten lediglich dagegen, an jedem Morgen aufs neue die Augen aufzuschlagen und eine immer noch nicht abgebaute Lohengrin-Bühne statt eines Wohnzimmers vorzufinden; sie protestierten, daß die Damen dauernd ohnmächtig wurden, wenn es interessant zu werden versprach; sie protestierten, eine deutsche Eiche sein zu müssen statt Fritz Meier. Vor allen Dingen aber protestierten sie gegen die Langeweile. Auch die Gotik hat sich vor den romanischen Steinkolossen schließlich gelangweilt, und das Empire vor den Bettpfühlen des Rokoko.

Lust und Unlust, und dazu eine kleine Prise neuen Geistes — genügt das bei der menschlichen Natur nicht als Erklärung?

Was damals der Jugendstil satt hatte, war die Ästhetik der Zeit der Reichs- und GmbH-Gründungen, jener Epoche, die unter Wilhelm I. nach dem Kriege von 1866 voll einsetzte, kurz nach 1870/71 ihren Höhepunkt hatte und dann noch eine ganze Generation im Volke weiterlebte.

Das Auffallendste an diesem »Gründerstil« ist, daß es ihn nicht gibt! Gäbe es ihn, so würde man ihn in den Kunstgeschichten finden. Aber er existiert dort nicht. Er wird im »Gotha« der Stile nicht geführt. Er ist ein Fehltritt, ein Kind der Sünde.
Warum? Ja, warum! Ihm mangelt nichts; er dauerte fast zwei Generationen, er war beherrschend, er bestimmte das Bauen, die Möbel, das Kunsthandwerk, die Malerei, die Plastik, die Literatur, das Theater, die Oper. Ihm mangelte nichts. Außer einem: die Schönheit. Wir, die Nachfahren, sagen jedenfalls, er sei zum Schämen häßlich gewesen, er sei kein Löwe wie die Romanik, kein Adler wie die Renaissance, kein Paradiesvogel wie das Rokoko, nicht einmal ein Dackel gewesen, sondern ein Untier, ein Ichthyosaurier. Er gefällt den Nachfahren nicht.
Mir gefällt er auch nicht. Aber das ist doch kein Argument, einen ausgeprägten Zeitgeist, einer ausgeprägten Lebensform den Titel »Stil« abzusprechen und ein Loch in der Geschichte gähnen zu lassen, bloß weil dieser Stil vielleicht abscheulich war. In der Zoologie gibt es das Wort »Untier« nicht, nur »Tier«. Es gibt auch keine Unstile, es gibt nur Stile. Und es gibt keine Löcher in der Geschichte, ganz bestimmt nicht.
Nun also, ein Kind der Sünde. Schön. Sehen wir uns dieses von allen feinen Leuten verleugnete Kind, den »Gründerstil«, an!
Es war kein originaler Stil, es war ein eklektischer (Eklexis = Auswahl), einer, der sich seine Hauptzüge aus anderen zusammenstiehlt. Auch daraus entsteht ein Gesicht! Der Gründerstil war nicht der erste Kleptomane, allerdings derjenige, der am häufigsten erwischt worden ist. Er hatte die Augen der Romantik, die Stirn der Aufklärung und das Portemonnaie des Neureichs. Ein

Portemonnaie ist natürlich kein Gesichtszug, Sie haben recht; aber ein Gesichts*punkt*.

Wie alle Kleptomanen hatte jene Zeit es eigentlich nicht nötig zu stehlen. Sie war wohlhabend. Man war nicht nur ein Reich, sondern auch reich ohne »ein«, was fast noch angenehmer ist. Man hatte auch Stil geerbt: vom Vater das Biedermeier, vom Großvater die Klassik oder, wie in Frankreich, das Empire. Man hätte also sehr wohl sein Auskommen gehabt. Indessen, die Klassik war ihnen zu kahl, und das Biedermeier zu ärmlich. Man war innerlich ein Anderer geworden. Nur ein eigener Stil konnte dem entsprechen.

Hier höre ich im Geiste den Aufschrei aller modernen »Zunftmeister«! Zunftmeister schreien leicht mal auf, nehmen Sie es gelassen. Sehen Sie: Kunstgeschichte ist keine exakte Wissenschaft; infolgedessen irren sich Kunsthistoriker auch nicht exakt wie etwa ein Arzt, sondern eher, ich möchte sagen, wie eine Frau: einleuchtend unlogisch. Noch im Jahre 1758 haben Zunftmeister in einem wissenschaftlichen Nachschlagewerk das doch gewiß honorige Barock eine absonderliche und lächerliche Übertreibung genannt.

Die alte, bis zum Überdruß gehörte Behauptung, der Gründerstil sei nichts als ein Mischmasch von Renaissance (in der Innenarchitektur) und Frühbarock (in der Baukunst), trifft nicht den Kern. Um den echten Gründerstil zu eliminieren, muß man vor allem die reinen Nachbauten (im Stil der Gotik z. B.) ausscheiden. Eindeutige Nachbauten hat es zu allen Zeiten gegeben (besonders damals, zugegeben). Daneben jedoch schält sich klar und deutlich ein eigener Stil heraus.

Zusammengestohlen? Natürlich haben unsere Großväter gestohlen, kein Mensch bestreitet das. Aber in einem Gründerzeit-Haus, wie es zum Beispiel auf dem Kurfür-

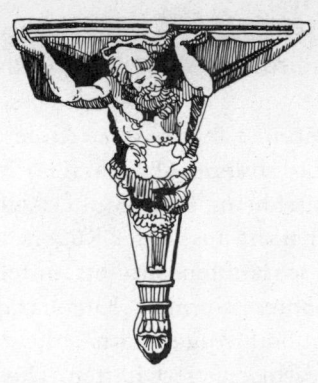

stendamm in Berlin noch in aller Pracht zu sehen ist, finden sich lediglich gewisse auffallende Elemente des italienischen Barock, nicht aber die Baugesetze. Würde ein Baumeister heute nach den Gesetzen dieses Barock ein Haus daneben bauen, so käme nie ein zweites Gründerstilhaus heraus; ja, wir würden erstaunt sein, wie wenig Ähnlichkeit es hätte. Bestimmte Äußerlichkeiten hätten beide gemeinsam, die Bombastik der Front, die Übersteigerung der Portale, die Verwendung von Säulen und Halbsäulen, die athletischen Karyatiden, die Brechung der Simse und Ziergiebel über den Fenstern, die Fülle der Kartuschen und Voluten; aber verwechseln würde sie niemand. Während das Frühbarockbauwerk mit seiner Fassade nichts vom Aufriß seines Innern verrät, ist die Front des Gründerhauses die genaue Projektion seiner Etagen; es strebt in den Konturen auch nicht in die Breite, sondern nach oben, es hat intime Loggien, Veranden und (ganz neu!) Käfigbalkone, lichte klare Fensterkonturen, aber verschachtelte, bald vor-, bald zurückstoßende Senkrechtpartien; die Dächer kommen wieder zu ihrem Recht und dominieren, die Details wirken zivil, die ganze Atmosphäre privat und bürgerlich. Das Barock wollte brillieren, der Gründerstil wollte nur seinen Bürgerstolz zeigen. Sein Herz war kindlich, es spielte nur heldisch, in Wahrheit suchte es das »Anheimelnde«.

In den Innenräumen feierte das »Anheimelnde« Triumphe und die Drechslerei Orgien (Garibaldi-Stil in Italien!). Kein Tischbein, kein Stuhl, kein Ständer, kein Klavierfuß, der nicht aus lauter Kugeln bestand. Buffets kugelten und schraubten sich bis unter die Decke der fünf Meter hohen Zimmer, Kugellampen warfen ihr mildes Gaslicht auf Kugelbäuche, die noch eine Generation vorher nicht existiert hatten. Die Zeit war leicht, das Möbel schwer (heute ist es umgekehrt). Überall schwere »Portieren«, oft an Stelle von Türen, überall Deckchen, Bilder, Vasen mit künstlichen »Makart-Sträußen« oder mit Palmen, die von einem höchst eigenartigen Verhältnis zur Natur zeugten, sozusagen von einem kurpromenadlichen Gruß-Verhältnis. Die Unübersichtlichkeit war Prinzip geworden. Hier hatte man etwas erfaßt, was noch keinem Stil zuvor klargeworden war: Unübersichtlichkeit ist das Geheimnis der Gemütlichkeit!

Was aus der Gründerepoche erhalten geblieben ist, ist nicht viel (Justizpalast München). Vor allem sind fast alle Zeugnisse der Eisenkonstruktionen, in denen jener Stil Bahnbrechendes geleistet hat (Eiffelturm, Brücken, Messehallen) in Deutschland vernichtet. Möbel, Plastiken, Kunstgewerbe, Vasen, Kleider, Stoffe, ja sogar das Reich, wurden von den hohnlachenden Enkeln verschrottet, Bilder dem Trödler gegeben, Häuser »verbessert«. Die drei wichtigsten Bauwerke, der Reichstag von Paul Wallot, der Berliner Dom und das Dresdner Hoftheater fielen den Bomben zum Opfer. Als Ersatz können wir uns aber noch manches schöne Monstrum im Ausland ansehen, zum Beispiel den enormen Justizpalast in Brüssel oder die Oper in Paris.
Von den Architekten haben sich wenige Namen gehalten (Wallot, Ludwig Hoffmann, Schwechten), wenige von den Bildhauern (R. Begas, Schilling), keiner von den Kunsthandwerkern, aber viele von den Malern: Piloty, Makart, Kaulbach, Lenbach, A. v. Werner, K. Begas, Munkacsy, Knaus. Auf alle ist »man« heute bitterböse, man verachtet sie. In Wahrheit redet man aneinander vorbei, die Kritiker fragen etwa: »Wie spät ist es?«, und die Maler antworten ihnen: »Zweite Querstraße links.« Daher kommt es.
Die Gründerstil-Maler waren alle erstklassige Techniker, aber sie waren im Thema von opernhafter Theatralik oder anekdotischer Geschwätzigkeit, sie schufen Wunschbilder des Lebens, die die ganze kindhafte, Karl-May-ähnliche Erlebnissehnsucht dieser Epoche widerspiegelten. Da sitzen auf marmorner Terrasse über blauem Meer vor schattigen Pinien ein bronzebrauner Knabe und ein ebenso nacktes Mädchen und spielen in bukolischer Unschuld und paradiesischem Frieden mit weißen Tauben. Da steht Seni, der Astrologe, sinnend

und das »sic transit gloria mundi« auf den bittergepreßten Lippen vor der in die plüschene Tischdecke verwickelten Leiche Wallensteins. Da zerrt eine makellos schöne Venus den Tannhäuser am Ärmel, um ihn zum Bleiben im Venusberg zu veranlassen.
Was ist daraus zu schließen? Sie lächeln?
Was ist aus Folgendem zu schließen: Ein Ochse betritt einen von einer Glühbirne erleuchteten Raum, in dem mehrere Menschen sich gegenseitig massakrieren, während ein Gänseblümchen aus einer Hand wächst und ein Pferd schreit? Nun? Guernica von Picasso! Was sind schon Inhalte ...
Vieles am Gründerstil war komisch. Aber wieviel? Ich bin nicht so sicher, nicht einmal bei jenen Bildern, die wir belächeln. Stellen wir sie einstweilen in den Keller und lassen wir noch einmal 30 Jahre vergehen. Im Gründerstil steckt trotz aller fatalen Sentimentalität, trotz stilistischer Skurrilität irgend etwas, was wir erst später verstehen werden. Der Gründerstil kann in seinem Lebensgefühl nicht unfruchtbar, er kann nicht ein impotenter Parasit gewesen sein, denn er hat — und wirklich er, er selbst — ein Genie erster Ordnung hervorgebracht: Richard Wagner.
(Oder ist Richard Wagner politisch belastet?)

Wann?

Etwa ab Mitte des 19. Jahrhunderts. (Napoleon III. gründet 1852 neues Kaiserreich in Frankreich, Viktor Emanuel 1861 Königreich Italien, Wilhelm I. 1871 Zweites Deutsches Kaiserreich, Alfons XII. 1875 neues Königreich in Spanien, Queen Victoria britisches Empire.) Bis zur Jahrhundertwende, ausklingend 1918.

Wo?

In ganz Europa.

Wie?

Abgesehen von reinen Nachschöpfungen der Romanik (Kirchen) und Gotik (Kirchen, Rathäuser) hat die sogenannte Gründerzeit einen klar erkennbaren Stil ausgebildet.
In der Baukunst zwei Richtungen: 1) der vertikal betonte, oft gerippig wirkende Zweckbau bei Fabriken, Bahnhöfen, Museen, Feuerwachen (Ziegel) und Messehallen (Eisen). 2) die typischen Palast- und Privatbauten mit Karyatiden, Fensterumrahmungen, Balkons, Loggien und Dachvasen überladen, hochstrebende Tendenz, klare Etagengliederung, bald vor-, bald zurückgesetzte Teile in der Senkrechten, betonte Portale, schmiede- oder gußeisern; schlauchenge Durchgänge zu Höfen.
Möbel: Hauptsächlich gedrechselt, kraus, unpraktisch, schwer. Zimmer überfüllt, viel Stoffdrapierung. Kleinkunst: anekdotisch, sentimental. Plastik: posenhaft heldisch oder verniedlichend, in der technischen Gestaltung größtmöglicher Fleiß. Malerei: Historismus, Anekdotisches, exotisch Sentimentales. Perfekte Technik, oft blendende Farbe, exakte Komposition.

Warum?

Das durch Technik und Industrie explosiv hochgeschleuderte Bürgertum wünschte sich anstelle des ererbten Biedermeier eine neue reiche Repräsentation. Der erwachte Sinn für die Historie begünstigte das Zurückgreifen auf frühere Stilelemente auf allen Gebieten. Jedoch verwandelte der Wunsch nach dem bürgerlich Intimen, »Trauten« das Übernommene zu etwas Neuem. Die vom Staat systematisch gepflegte Verehrung des »kühnen, schönen Gedankens« schlug sich vor allem in der Thematik der Malerei und Plastik nieder.

Was?

Der Gründerstil hat auf allen Gebieten der bildenden Kunst Typisches hervorgebracht: Baukunst, Plastik, Malerei, Kunsthandwerk, Eisenkonstruktionen.

Wer?

Baukunst

Baltard, Victor (Frankreich) 1805–1874
Eiffel, Alexandre-Gustave (Frankreich) 1832–1923
Garnier, Charles (Frankreich) 1825–1898
Haussmann, Baron Georges (Frankreich) 1809–1891
Hoffmann, Ludwig (Deutschland) 1852–1932
Paxton, Joseph (England) 1803–1865
Poelaert, Joseph (Belgien) 1817–1879
Schwechten, Franz (Deutschland) 1841–1924
v. Thiersch, Friedrich (Deutschland) 1852–1921
Wallot, Paul (Deutschland) 1841–1912

Plastik

Begas, Reinhold (Deutschland) 1831–1911
Carpeaux, Jean-Baptiste (Frankreich) 1827–1875

Lambeaux, Jef (Belgien) 1852—1908
Schilling, Johannes (Deutschland) 1828—1910
Stevens, Alfred George (England) 1817—1875

Malerei
Calderon, Philip (England) 1833—1898
Kaulbach, August (Deutschland) 1850—1920
Kaulbach, Wilhelm (Deutschland) 1805—1874
Knaus, Ludwig (Deutschland) 1829—1910
Kröner, Christian (Deutschland) 1838—1911
Makart, Hans (Österreich) 1840—1884
Max, Gabriel (Österreich) 1840—1915
Munkacsy, Michael (Ungarn) 1844—1900
v. Piloty, Karl (Deutschland) 1826—1886
Stevens, Alfred (Belgien) 1828—1906
Vautier, Benjamin (Schweiz) 1829—1898
Wauters, Emile (Belgien) 1846—1933
v. Werner, Anton (Deutschland) 1843—1915

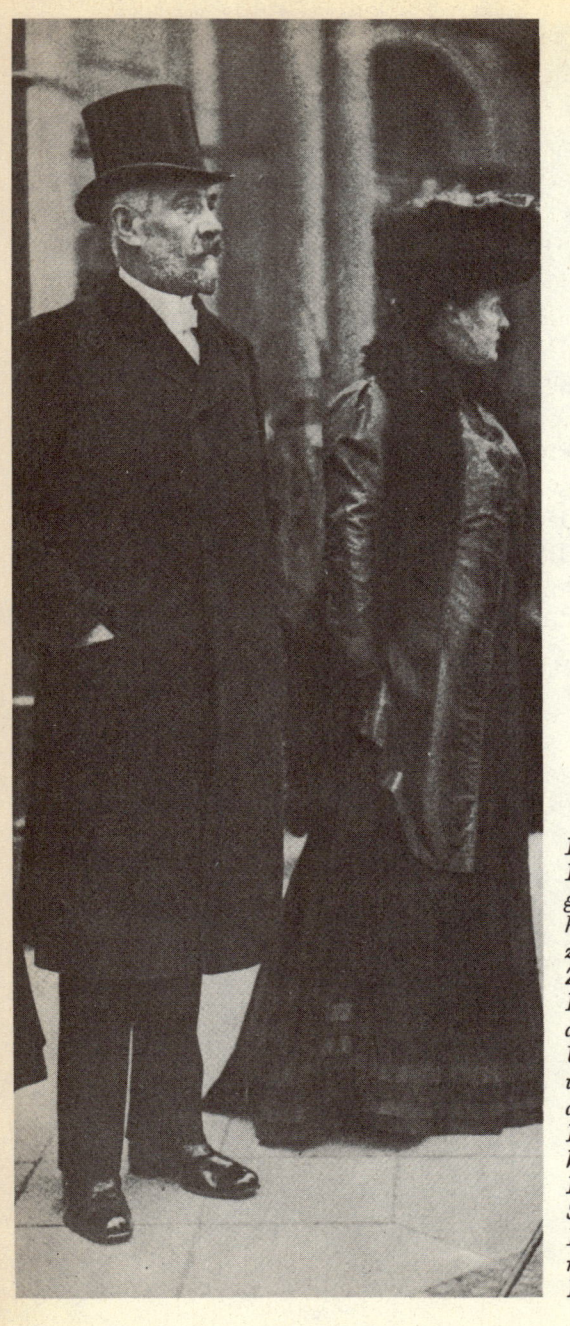

Der Herr und die Dame des ausgehenden 19. Jahrhunderts: Grandezza, Korrektheit, Zuversicht. Die Berufsspötter allerdings sagen: Pose, Unfreiheit, Größenwahn. Auffallend die Einfachheit der Herrenkleidung. Viel Rüschen, Pleureusen und Schleppen bei der Dame. Obligatorisch: Korsett, Busen und Cul.

Der Reichstag in Berlin von Paul Wallot (beg. 1884).

Der Anhalter Bahnhof in Berlin von Franz Schwechten (beg. 1875).

Hinterhausfront im Kurfürstendamm-Viertel.

»Hochherrschaftliches« Hausportal mit Karyatiden.

Eine Bedürfnisanstalt, Erfindung der Gründerzeit, Eisenkonstruktion, meist im Grünen versteckt.

Oben: Öffentliche Wasserpumpe an einer Berliner Straße. Meisterhafter Eisenguß.

Oben links: Neunarmiger Straßenkandelaber. Vor Theatern und Palais' bevorzugte man festliche Kugellampen.

Handgeschmiedete Eingangstür eines Mietshauses in Berlin. Der Hauswirt wendete dafür fast 4000 Goldmark auf, das entspricht heute an Kaufkraft etwa 40000 Mark.

Eß- und Wohnzimmer der Achtziger Jahre, in der Wandtäfelung renaissancisch tümelnd.

Vornehmes Arbeitszimmer einer Mannheimer Villa (1890), perfektes Beispiel für den Gründerstil.

»Einzug Karls V. in Antwerpen« (Ausschnitt) von Hans Makart, 1878.
Temperamentvolle Skizze zu dem späteren Monumentalgemälde.

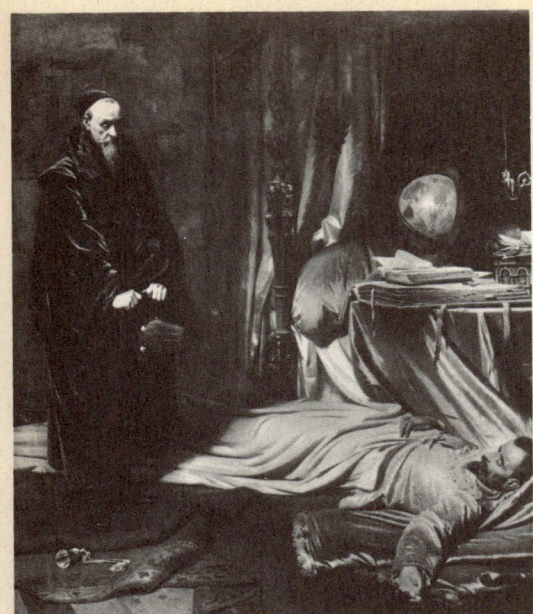

»Seni an der Leiche Wallensteins« (Ausschnitt). Das Bild begründete 1855 v. Pilotys Ruhm.

»Der Tanz« von Carpeaux, 1869. Sehr »gewagt«, denn bacchantische Wildheit galt als unanständig. Es gab viel Ärger und Dispute.

»Ein guter Tropfen« von E. Grützner, 1886. Neben der Historienmalerei blühte das Genre.

Zier-Vase aus der Gründerzeit. Das fein modellierte Dekor meist in leuchtenden Farben. Die Form ist der antiken Amphore entlehnt.

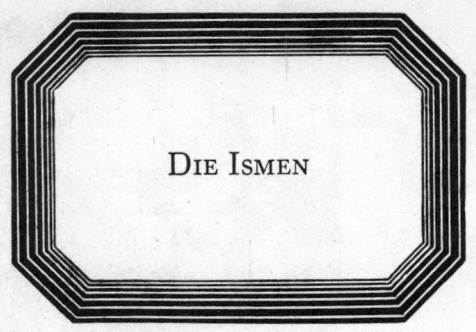

DIE ISMEN

Ehe wir vorwärtsschreiten im Rückwärtsschreiten, müssen wir dringend einmal eine Pause machen, um etwas anderes zu ordnen: einen Nachlaß. Wir waren nämlich nachlässig. Wir haben, als wir von unserem Bürostil über den Jugendstil zum Gründerstil rückwärts schritten, eine Reihe von Zeiterscheinungen, die sich ebenfalls »Stil« nennen, unter den Tisch fallen lassen, und zwar sowohl unter den Bürotisch wie unter den Gründerzeittisch. Falls Sie es noch nicht bemerkt haben, so ist das ein gutes Zeichen für mich; es tröstet mich mit jenem berühmten Pianisten, dem jedermann entzückt lauschte, obwohl er so viele Noten unterschlug, daß man daraus ein neues Konzert hätte machen können.

Was ich mit den Stilen in Anführungsstrichen meine, sind die Ismen; sie treten immer auf, wenn eine Epoche ihre seelische Mitte und ein Lebensstil seine Überzeugungskraft verloren hat. Sie traten zum erstenmal zwischen Renaissance und Barock auf (Manierismus), und dann — in Massen — in den letzten hundert Jahren. Sie beschränken sich fast immer auf ein oder zwei Gebiete, oft auf die Malerei allein.

Ihr Verhältnis zu ihrer Zeit ist etwa das eines Verhältnisses; ein Ismus steht zu seiner Stilepoche wie eine auf-

geklärte, interessante Geliebte zu einer langweilig gewordenen Ehefrau.
So war der Impressionismus die heimliche Geliebte der Gründerzeit und der Expressionismus die des beginnenden neuen Jahrhunderts. Die Ismen sind nicht lebensstilbildend, aber auch nicht -zerstörend, sie sind ein intellektueller Ausweg des Genusses. Es gibt keinen impressionistischen Stuhl, kein impressionistisches Portal und keinen impressionistischen Hut. Es gibt auch keine expressionistische Zuckerdose und keinen expressionistischen Regenschirm, kein futuristisches Sofa und kein kubistisches Fahrrad. Es gibt nicht einmal einen expressionistischen Bilderrahmen.

Hier sind wir auf etwas sehr Interessantes (wenn auch nicht Welterschütterndes) gestoßen, und es hat den Vorzug, funkelnagelneu zu sein: Sie können mit fast hundertprozentiger Sicherheit einen Ismus daran erkennen, daß er keine eigenen Rahmen hat. Die Biedermeierzeit hatte die einfachen, flachen Leisten (aus Kirsche oder Mahagoni mit schwarzen Eckquadraten) oder tief-profilierte gerade Goldleisten. Die Gründerzeit hatte stukkierte Monstren, wahre Tabernakel; der Jugendstil hatte geschnitzte »floreale« Rahmen. Der Impressionismus aber bediente sich aller Typen, am liebsten des Barockmusters, und der Expressionismus war total ratlos; mitunter half er sich, seine Bilder einfach in vier stumpfschwarze Bretter einzusargen. Viele Abstrakte gestehen die Hilflosigkeit ein und lassen den Rahmen ganz weg.

Den Ismen blieb auch weiter gar nichts übrig, als auf einem Biedermeierstuhl zu sitzen, aus einem Gründerzeitfenster zu schauen und von einem Jugendstil-Teller zu essen. Auch Monet, Bonnard, Munch und Kandinsky taten es. Und es ist nicht überliefert, daß sie dabei etwas fanden. Sie aßen am allgemeinen Tisch, nur ihre intellektuelle Freude suchten sie woanders.

So bedenklich das Auftreten von Ismen als Zeichen der Kraftlosigkeit ihrer Epoche und der Schnellebigkeit einer übersättigten Zeit ist, so herrliche Werke haben sie hervorgebracht, einseitig natürlich und sehr l'art pour l'art, aber herrlich. Ja, es kann gar kein Zweifel herrschen, daß die Ismen auf ihrem Spezialgebiet (Malerei meistens) den Werken des Zeitgeistes weit überlegen waren. Adolf Menzel, der große Wegbereiter des Impressionismus, hat wirklich bedeutende Bilder im Zeitgeist gemalt (»Eisenwalzwerk«, »Ballsouper«, »Flötenkonzert«), unsterblich aber wird er mit seinen kleinen »Theatre Gymnase«, »Balkonzimmer«, »Palaisgarten«, »Die Schwester im Türrahmen«, »Abendgesellschaft« und »Aschermittwochmorgen« bleiben. Während er für seine Fridericus-Bilder Pour-le-mérite und Adel bekam, schämte er sich seiner impressionistischen Studien tatsächlich wie einer Geliebten.

Das »Balkonzimmer« ist 1845 gemalt; welch eine frühe Leistung! Zu dieser Zeit war Manet ein Junge von 15 Jahren, Degas ein Kind von 11, Monet von 5 Jahren, und Liebermann war noch nicht geboren. Der Impressionismus lag also schon in der Luft, erweckt durch ein neues Naturgefühl, einen neuen Sinn für Realismus und eine neue Liebe zu dem flüchtigen Spiel des Lichtes und dem flüchtigen Strich des Pinsels — bzw. (und damit sind wir bei der Parallele der Plastik) die flüchtige Modellierung in Ton (Rodin, Kolbe). 1874 malte dann Claude Monet pleinair (im Freilicht der Natur) und spektral (mit dem Irisieren des Sonnenlichtes) jenen Sonnenaufgang über der Seine, dem er den denkwürdigen Namen »Impression« gab.

Der Impressionismus hielt sich bis in die zwanziger, ja sogar dreißiger Jahre (Slevogt starb 1932, Liebermann 1935). In Frankreich überlebte sich diese »Geliebte« sehr viel schneller. Es kam (in den achtziger Jahren) der Neo-Impressionismus von Seurat und Signac, der mit wissenschaftlichem Farbzerlegen und Pointillieren das gleiche erreichen wollte wie sein Vorgänger.

Kurz nach der Jahrhundertwende ging das große Experimentieren los. Die Unruhe war eine rein geistige, eine rein sensitive; als Bürger lebte man durchaus im Zeitstil. Matisse begründete eine Mal-Richtung, die die Kritiker Fauvismus nannten. Die »Fauves« (die Wilden) versuchten, die Dinge unserer Umgebung durch Schockfarben neu sehen zu lehren: Rote und grüne Schatten, gelbe Gesichter — für die damalige Zeit »Kasperle-Farben«, tatsächlich jedoch weiter nichts als das Herauskehren von Farben, die unser Auge unbewußt als Obertöne (wie es in der Musik heißt) schon immer mitgesehen hat.

Fast gleichzeitig begann der Expressionismus. Begründer waren Marc in München, Kirchner in Dresden, Kokoschka in Wien, Rouault in Paris und Lehmbruck als Bildhauer. Sie stellten das Prinzip auf, daß der Ausdruck, die Expression, jedes Mittel rechtfertige, sowohl die Vergewaltigung der Linie wie der Farbe, wie der Perspektive, wie der Form. Ihr Erzengel war Van Gogh.

Der Expressionismus war ein sehr fruchtbares Genesungsfieber — Genesung von dem Starrkrampf, in den die kleinbürgerliche Welt verfallen war. Damals hatte die Menge gerade den Impressionismus »geschluckt« und kam sich sehr tapfer vor. Sie hatte das tolle Gefühl, sich auch eine regelrechte Geliebte zugelegt zu haben. Und zwar lebenslänglich. Nun — nicht wahr, meine Herren, Sie wissen, daß das ein Widerspruch in sich ist! Eine lebenslängliche Geliebte wird unweigerlich zur alten Kriegskameradin.

Tausende von banalen Malern quälten den Impressionismus zu Tode und brachten die Avantgardisten in Harnisch. Während die einen zu Fauves und Expressionisten wurden, wandten sich Juan Gris, Braque und Picasso in ihrer Verzweiflung vor der Banalität einem Stil zu, den sie kubistisch nannten und der den impressionistischen Wunschtraum von Lichterspiel und Dimensionstäuschung geradezu umkehrten. Die Kubisten wollen der Leinwand geben, was der Leinwand ist: sie ist nicht Raum, sondern Fläche; die Bilder sollen daher auch Fläche bleiben, und was sich in der Darstellung in Quadrate, Dreiecke und Kreise auflösen läßt, soll in diese Grundformen der Fläche aufgelöst werden (Archipenko übertrug die Ideen des Kubismus auf die Plastik).

Damit reihten sich die Kubisten zwar praktisch in den weiteren Begriff des Expressionismus ein, bildeten aber durch ihre bestimmten mathematischen Forderungen doch eine unverwechselbar eigene Gruppe. In Deutschland hat der Kubismus jedoch nie Fuß gefaßt.

Im Frühling des Jahres 1909 konnten die erstaunten Pariser im »Figaro« schon wieder das Manifest eines neuen Ismus lesen, des »Futurismus«. Verfasser war Herr Marinetti, italienischer Schriftsteller (»Ein brüllendes Automobil ist schöner als die Nike von Samothrake«). Er war gegen alles, was bisher dagewesen war, er war für ein entschlossenes Auskippen aller Museen, um Platz zu schaffen für die neue Zeit, die er einzuläuten die Ehre habe. Boccioni, Balla und Severini wurden seine berühmtesten Maler-Jünger. Sie stellten auf ihren Bildern Gegenwart und Futurum gleichzeitig dar, und zwar — anders ging es beim besten Willen nicht — als Bewegungsablauf. Simultan also schreitet zum Beispiel eine Frau (Akt, versteht sich) zehnfach eine Treppe hinab. Sie wollten also Ereignisse erleben lassen.

Das Ereignis eines Weltkrieges setzte der Bewegung schon 1914 ein Ende.

Diejenigen Künstler jedoch, die auf den Ruf des Vaterlandes gepfiffen und sich statt dessen in das Dorado der Emigranten, die Schweiz, begeben hatten, waren durch-

aus in der Stimmung, sich mit der Gründung einer neuen künstlerischen Bewegung, des Dadaismus, zu befassen. Man parlierte, während Europa vom Kanonendonner widerhallte und Marc und Macke fielen, in Zürich ein bißchen mit dem Anarchisten Tzara, ein bißchen mit Lenin und fand, daß Destruktivismus das einzig Gescheite in der Welt sei. Das Manifest Nr. III bekannte es offen. Albernheiten, Verhöhnung, Skurrilitäten, Bluff wurden nun zum Kunstmittel erhoben. Der geistige Vater war Marcel Duchamp (natürlich auch weitab vom Schuß, in Amerika), der zum erstenmal banale Gebrauchsgegenstände nahm, sie »zweckentfremdete«, sie in willkürliche, unsinnige neue Verbindung mit anderen Dingen brachte und somit zu »Kunstwerken« erhob. Das Qualitätspostulat hörte damit natürlich auf.
Nanu, werden Sie sagen, das ist doch ...
Klar! Das ist pop-art, schlicht und einfach. Vor allem schlicht. Aber lassen Sie es nicht die Popisten hören, daß ihr entfremdeter Müll schon einmal da war; sie mögen das nicht.
Der Dadaismus hat, darüber erübrigt sich eine Debatte, den Begriffsinhalt »Kunst« weit hinter sich gelassen, er ist ein intellektueller Zynismus, den man lediglich historisch konstatieren kann.
Ganz anders eine Kunstrichtung, die sich ebenfalls bis an die Grenze der Definition gewagt hat: die gegenstandslose Malerei, die abstrakte. Sie ist völlig frei von Zynismus, frei von Scharlatanerie, frei von gesellschaftlicher oder weltanschaulicher Dogmatik, sie bindet sich an die Ästhetik, an die Begriffe Rhythmus und Harmonie (bzw. Disharmonie), und sie hat Ziele, die in der klassischen Definition Kunst auch enthalten sind: Sie will ohne die Erinnerung an die Natur, allein durch

abstrakte Figurierungen uns ein starkes, ganz präzises Erlebnis geben, das sie um so höher wertet, je unerklärlicher es ist, das heißt, je weniger es mit anderen Erfahrungen assoziiert oder gar benannt werden kann. Das Geburtsjahr dieser Richtung, die bis heute noch den größten Einfluß hat, war 1910. In diesem Jahre schuf Kandinsky sein erstes abstraktes Bild und Brancusi wenig später seine erste abstrakte Plastik. Die Bewegung mündete mit Mondrian in einen gegenstandslosen Konstruktivismus (»Suprematismus«).

Mondrians Antipoden gab es natürlich auch sofort. Wie könnte es anders sein im 20. Jahrhundert, in dem der Intellektualismus Lebensmitte und Lebensmaß verloren hat. Die Antipoden nannten sich »Surrealisten«, ihr Theoretiker war André Breton (1925), ihre Verwirklicher Salvador Dali, Max Ernst, Ives Tanguy, zum Teil Chirico, vor allem aber (so sehr er den »harten« Wach-Träumern entgegengesetzt ist) Marc Chagall. Sie alle malen die Assoziationen, die Sprünge und Volten unserer Gedanken und Empfindungen, sie setzen sich über Kausalität hinweg. Dies alles wäre natürlich als einzige Substanz ihrer Bilder wenig (ja, es würde sie sogar in die Nähe der Dadaisten rücken), aber ihre Bilder sind meist von außerordentlicher malerischer Qualität.

Und damit sind wir halt wieder, ob wir wollen oder nicht, auf dem Boden des ewigen und ehernen Gesetzes aller Kunst aller Zeiten. Wer dieses Gesetz nicht erfüllt, macht intellektuellen Schnickschnack.

Wann?

Mitte des 19. Jahrhunderts bis heute.

Wo?

Die frühen Ismen (bis zum Ersten Weltkrieg) vorwiegend in Europa, später in der ganzen Welt.

Wie?

Der *Impressionismus* hatte die Wiedergabe der flüchtigen Impression von Bewegung und Lichterspiel zum Ziel. Der *Neo-Impressionismus* (Pointillismus) Ähnliches vermittels Zerlegen der Farbe in reine Farbtupfen. Der *Fauvismus* suchte das aufwühlende Erlebnis in der wilden und widerspruchsvollen Farbe und Linie unter Verzicht auf perspektivische Wirkung. Der *Kubismus* wünschte in Malerei und Plastik die Betonung der Fläche als reine Fläche und die Rückführung auf geometrische Grundformen. Im *Futurismus* versuchte man die Bewegungsphasen oder Bewegungsturbulenz darzustellen, quasi in dem Empfinden von Weltschöpfungsakten. Der *Expressionismus* erklärte die Expression im Sinne der Sichtbarmachung des Hintergründigen von Form und Farbe zum Wichtigsten und opferte dafür alle Naturgesetze. Die *Abstrakten* wandten sich vollständig einer Zeichensprache zu, vermieden jede gegenständliche Darstellung und jede Erinnerung daran. Die *Surrealisten* bringen Wachträume mit allen phantastischen Assoziationen auf die Leinwand (keine Plastik). In der sogenannten *Pop-Art* schließlich (ähnlich im *Dadaismus* der Weltkriegsjahre) sind praktisch alle Gegenstände in allen Zusammenhängen und allen Vergewaltigungen bereits verwendbare Objekte. Sie ist der absolut nihilistische, aber merkantil bedachte Versuch, Kunst ad absurdum zu führen und beim Betrachter als Ersatz für einen Genuß psychologische Schockwirkungen zu erzielen. Auch Abscheu wird gern entgegengenommen und in ein positives Fazit umgewertet. Das Verhältnis zur Ästhetik ist blasphemisch und höhnisch.

Warum?

Die gewisse Primitivität, oder freundlicher ausgedrückt: Reizlosigkeit der Geisteshaltung in der Mitte des 19. Jahrhunderts ließ die künstlerisch anspruchsvolleren Menschen aus dem Gründerstil ausbrechen. Der Jugendstil rief sie noch einmal zurück und scharte sie um sich; aber seitdem hat keines der kraftlosen Dezennien mehr die Avantgarde einholen und sie etwa zu Baumeistern eines universellen Stiles machen können. Wenn es für die Gegenwart so scheint, so liegt es an der gemeinsamen Ankunft im luftleeren Raum.

Was?

Die Ismen beschränken sich gewöhnlich auf Malerei und Plastik, in einzelnen Fällen haben sie ein größeres Wirkungsfeld. Parallelen, die man auch zur Musik und Dichtung zog, sind mitunter sehr konstruiert.

Wer?

Vorimpressionisten
Maler
Boudin, Eugène (Frankreich) 1824—1898
Jongkind, Johan (Holland) 1819—1891
Menzel, Adolf (Deutschland) 1815—1905

Vorexpressionisten
van Gogh, Vincent (Holland) 1853—1890

Impressionisten
Maler
Corinth, Lovis (Deutschland) 1858–1925
Degas, Edgar (Frankreich) 1834–1917
Liebermann, Max (Deutschland) 1847–1935
Monet, Claude (Frankreich) 1840–1926
de Pisis, Filippo (Italien) 1896–1954
Pissarro, Camille (Frankreich) 1830–1903
Renoir, Auguste (Frankreich) 1841–1919
Sisley, Alfred (Frankreich) 1839–1899
Slevogt, Max (Deutschland) 1868–1932
Trübner, Wilhelm (Deutschland) 1851–1917

Bildhauer
Kolbe, Georg (Deutschland) 1877–1947
Rodin, Auguste (Frankreich) 1840–1917

Neo-Impressionisten
Maler
Seurat, Georges (Frankreich) 1869–1891
Signac, Paul (Frankreich) 1863–1935

Fauves
Maler
Dufy, Raoul (Frankreich) 1877–1953
Matisse, Henri (Frankreich) 1869–1954
Vlaminck, Maurice (Frankreich) 1876–1958

Expressionisten
Maler
Beckmann, Max (Deutschland) 1884–1950
Kirchner, Ernst Ludwig (Deutschland) 1880–1938
Kokoschka, Oskar (Österreich) 1886–1980
Macke, August (Deutschland) 1887–1914
Marc, Franz (Deutschland) 1880–1916
Nolde, Emil (Hansen) (Deutschland) 1867–1956

Rouault, Georges (Frankreich) 1871–1958
Schmidt-Rottluff, Karl (Deutschland) 1884–1976

Bildhauer
Barlach, Ernst (Deutschland) 1870–1938
Lehmbruck, Wilhelm (Deutschland) 1881–1919

Kubisten
Maler
Bracque, Georges (Frankreich) 1882–1963
Gris, Juan (Spanien) 1887–1927
Picasso, Pablo (Spanien) 1881–1973

Bildhauer
Archipenko, Alexander (Rußland) 1887–1964
Belling, Rudolf (Deutschland) 1886–1972

Naive
Maler
Bauchant, André (Frankreich) 1873–1958
Rousseau, Henri (Frankreich) 1844–1910
Vivin, Louis (Frankreich) 1861–1936

Futuristen
Maler
Balla, Giacomo (Italien) 1871–1958
Boccioni, Umberto (Italien) 1882–1916
Severini, Gino (Italien) 1883–1966

Dadaisten
Maler
Arp, Hans (Deutschland) 1887–1966 (auch Bildhauer)
Schwitters, Kurt (Deutschland) 1887–1948

Abstrakte
Maler
Baumeister, Willi (Deutschland) 1889–1955
Hartung, Hans (Deutschland) 1904–1989

Kandinsky, Wassilij (Rußland) 1866–1944
Klee, Paul (Schweiz) 1879–1940
Nay, Ernst Wilhelm (Deutschland) 1902–1968

Bildhauer
Brancusi, Constantin (Rumänien) 1876–1957
Lardera, Berto (Italien) * 1911

Surrealisten
Maler
Maholy-Nagy, László (Ungarn) 1895–1946 (auch Plastik)
Malewitsch, Kasimir (Rußland) 1878–1935
Mondrian, Piet (Holland) 1872–1944

Bildhauer
Gabo, Naum (Pevsner) (Rußland) 1890–1977
Pevsner, Antoine (Rußland) 1886–1962

Konstruktivisten
Maler
Chagall, Marc (Rußland) 1887–1985
de Chirico, Giorgio (Italien) 1888–1978
Dali, Salvadore (Spanien) 1904–1989
Ernst, Max (Deutschland) 1891–1976
Tanguy, Ives (Frankreich) 1900–1955

Pop-art
Chamberlain, John (USA) * 1927
Dine, Jim (USA) * 1935
Gentils, Vic (Belgien) * 1919
Oldenburg, Claes (Schweden) * 1929
Rauschenberg, Robert (USA) * 1925
Vostell, Wolf (Deutschland) * 1932

»Wohnzimmer mit der Schwester des Künstlers« von Adolph von Menzel, 1847. Das wundervolle Bild war damals der weiteste Vorstoß in Richtung des kommenden Impressionismus. 1847 wurde Liebermann gerade geboren.

»Die Kathedrale von Rouen« von Claude Monet, 1894. Reinstes Beispiel des Impressionismus.

»Gitarre und Obstschale« von Juan Gris (1918), einem der Schöpfer des Kubismus.

»Die Genesende«, Mittelteil eines Triptychons von Erich Heckel, 1913. Früher Expressionismus.

»Die beunruhigenden Musen« von Giorgio de Chirico (1914), einem der ersten Meister der italienischen Scuola Metafisica, des Surrealismus.

»Am Morgen« von Georg Schrimpf (1925). Die Neue Sachlichkeit setzt sich für einige Jahre durch.

»Improvisation 26« von Wassilij Kandinsky (1926), dem Hauptmeister und Theoretiker der Abstrakten Malerei.

»Weiblicher Torso«,
Steinplastik von Alexander
Archipenko. Kubistische
Prinzipien in der Plastik.

»Gabe für Apoll« von
Robert Rauschenberg
(1959). Prominentes
Stück Pop-art.

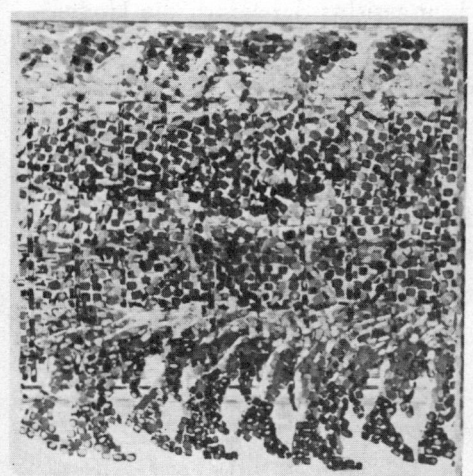

»Spielendes Fohlen«,
Bronze von Renée Sintenis.
Die Plastik als Impression.

»Laufendes Mädchen auf
einem Balkon« von
Giacomo Balla. Begründete schon 1910 den
Futurismus.

Wer war Gottlieb Biedermaier?

Nach dieser Unterbrechung wollen wir unsere Reise in die Vergangenheit fortsetzen.

Aus der Gründerzeit einen Schritt zurück, und wir sind im Biedermeier, jener Epoche zwischen 1815 und 1850, die ihren Namen von Gottlieb Biedermaier hat.

Gottlieb Biedermaier ist, was das Rätsel seiner Existenz betrifft, geradezu Deutschlands Homer. Die Parallelen sind schlagend: Hat es ihn gegeben? Hat er gelebt? Ist er der Schöpfer?

Diese und ähnliche Fragen stellen ihn neben den bekannten Griechen, und wenn man bedenkt, daß es lediglich zwei Bücher sind, angesichts deren sich die Homerfrage erhebt, während mindestens fünftausend Biedermeiersekretäre und zwanzigtausend Originalbiedermeierstühle die Biedermeierfrage aufwerfen, so könnte man das deutsche Problem fast brennender nennen.

Nachdem wir das gewürdigt haben, wollen wir mit deutscher Gründlichkeit nun das Problem lösen.

Besagter Gottlieb Biedermaier schreibt sich mit »ai«, die Epoche unerklärlicherweise mit »ei«. Wahrscheinlich hat sich Wilhelm II. da einmal verschrieben. Ich erinnere mich, daß mir mein Vater, der allerdings ein passionierter Lügner war, erzählte, Wilhelmshaven mit

»v« sei auf einen höchstdero gleichen Irrtum zu seiner Schreibweise gekommen.

Nun ist ein Hafen ein Hafen, gleich welchen Buchstabens er sich bedienen mag, und auch Gottlieb Biedermaier ist es egal, denn er hat, im Gegensatz zu Homer, nie gelebt. Dies kann man auf folgende einfache Weise feststellen: Man blättere die Journale des vorigen Jahrhunderts durch; man kommt dabei auch automatisch zu den »Fliegenden Blättern« und stößt dort im Jahrgang 1853 zum erstenmal auf den unter einem Gedicht stehenden Namen Gottlieb Biedermaier. Nimmt man sich nun die Korrespondenz der Redaktion und die Honoraranweisungen vor, so stellt sich heraus, daß es ein erfundener Name, ein Pseudonym, ist, unter dem zwei Männer ihre ironisch-betulichen Verse über die saumselige nach-napoleonische Zeit veröffentlichen. Der eine war Ludwig Eichrodt (Oberamtsrichter!), der andere Adolf Kußmaul (der berühmte Internist!). Sie ihrerseits hatten dabei auf zwei Figuren von Wilhelm Hauff zurückgegriffen, Biedermann und Bummelmaier, und die Namen zusammengezogen.

»Betulich«, »saumselig«, »Bieder«, »Bummel« — der Verdacht steigt auf, daß hier ein biederer Bummel unserer Väter durch drei Jahrzehnte stattgefunden habe, und daß dies die Erklärung für den gar so bescheidenen und im Vergleich zu seinen Vorgängern glanzlosen Biedermeierstil sei. Genau so verhielt es sich.

Was war man zu Anfang des Jahrhunderts noch schneidig gewesen! Man hatte, als die Herren Fürsten und die Herren Berufssoldaten angesichts Napoleons mit ihrem Latein am Ende gewesen und den verzweifelten Aufruf an das Volk erlassen hatten, den Tyrannen besiegt und Deutschland wieder frei gemacht, und nun war nichts mehr von dem Feuer übriggeblieben! Rasch und resolut hatten die regierenden Herren auf Rat Metternichs dem Volk den Maulkorb übergeworfen und Ruhe, Gehorsam und Amtsbewunderung zur gottgewollten Pflicht erklärt.

Die Ernüchterung und Enttäuschung waren im ersten Moment groß. Das Volk war nicht »politisch«, es hatte auch keine Revolution wie Frankreich durchgemacht, es war nicht maßlos, es wollte nichts Unmögliches. Aber ein paar Dinge hätte es als Dank für die Opfer doch gern verwirklicht gesehen: den Zusammenschluß des von Napoleon zerrissenen Vaterlandes, die Freiheit der Gedanken und die Gleichstellung aller Bürger vor dem Gesetz.

Versprochen war es. Aber wie das Sprichwort schon sehr richtig sagt: »Niemand kann zween Herren dienen; wer verspricht, kann nicht worthalten.« Heinrich Heine schrieb in der Emigration in Paris bitter:

»Nachtwächter mit langen Fortschrittsbeinen,
Du kommst so verstört einhergerannt!
Wie geht es daheim den lieben Meinen,
Ist schon befreit das Vaterland?«
»Vortrefflich geht es! Der stille Segen,
Er wuchert im sittlich gehüteten Haus,
Und ruhig und sicher, auf friedlichen Wegen,
Entwickelt sich Deutschland von innen heraus.
Die Konstitution, die Freiheitsgesetze,
Sie sind uns versprochen, wir haben das Wort!
Und Königsworte, das sind Schätze
Wie tief im Rhein der Niblungshort.«

Die Jahre zogen ins Land, aus der Enttäuschung wurde Resignation. Das Leben ging weiter, die Entwicklung war nun eben mal so, und man durfte den Anschluß nicht verlieren. Es ist das Zeichen aller treulosen Regierungen, die Zeit für sich arbeiten zu lassen.

Die Notzeit war vorüber, die neue Zeit sollte nicht wahr sein. Die privilegierte Adelsclique knüpfte dort wieder an, wo man stehen geblieben war. Es hätte auch in der Kunst dort, wo man zuletzt stehen geblieben war, im goldenen Empire nämlich, weitergehen können.

»Doch die Verhältnisse, die sind nicht so.« In den Schlössern waren sie es vielleicht, in den Städten nicht. Das Bürgertum war durch Krieg und französische Ausplünderung arm geworden, arm und bescheiden. Die Menschen, um den Dank des Vaterlandes betrogen, zogen sich ins Schneckenhaus zurück und klammerten sich an die kleinen Freuden. So also muß man die Zeit verstehen. Da nun der vergoldete Spiegel wegfiel, mußte eine schlichte weiße Gardine, die sich vor einem Geranientopf im Frühlingshauch bauschte, das bißchen Heiterkeit und Seligkeit spenden, und statt des zehnkerzigen Lüsters brannte jetzt eine grünbeschirmte Öllampe, weniger glanzvoll, aber »innig«. Man mußte eben »nach innen« leben, man mußte statt Glanz Sauberkeit suchen, statt Genialität Zuverlässigkeit, statt lauten Ruf stille Rechtschaffenheit, statt Brillanz Behagen.

Dem Stil, der aus solchen Verhältnissen kam, sah man anfangs noch seine Herkunft aus dem klassizistischen Empire an, bald verloren sich die letzten Anklänge, und er wurde zu dem, was wir heute unter Biedermeier verstehen: helle Möbel aus freundlichen Hölzern, makellos in der Verarbeitung. Stühle mit glatten Beinen und einfacher, leicht geschwungener Rücklehne, mitunter mit luftig durchbrochenem Rückbrett, ein Einfluß des berühmten englischen Kunsttischlers Sheraton; heitere, dreiseitig verglaste Vitrinen, in die man lieben Kleinkram stellte: ein hübsches Täßchen, Medaillen, Scherenschnitte, ein Kristall, ein Vexierbild, ein Perlmutt-Kästchen, eine Widmung von Goethe; Sofas mit fast unverzierten Rücken und meist schwach überschlagenden Seitenlehnen, mit einem lieblichen Streublümchen- oder Streifenmuster bezogen und weißen Nägelchen beschlagen; Tische sehr gern rund, oft nur mit einem Mittelfuß und dreieckiger Bodenplatte — einziger Schmuck höchstens etwas Intarsie. Die kleinen anspruchslosen Klapptischchen des Biedermeier bilden heute das Entzücken der Damen.

Das Biedermeier schlug sich auch in anderen Ländern Europas nieder, aber in Reinheit findet man es nur in Deutschland und Österreich.
Einen Baustil hat das Biedermeier nicht geschaffen; man wohnte das Alte »auf«.

Man hätte natürlich auch die Möbel aufwohnen können, aber eine gebrechlich gewordene Waschkommode wirft sich bedenkenloser weg als ein gebrechlich gewordenes Dreifamilienhaus. Dazu kamen die vielen jungen Ehepaare, die, als die Handwerker den Stil erst einmal geschaffen hatten, genau das sagten, was die von 1969 sagen: »So wollen wir heute wohnen!«
Schubert, Mendelssohn, Lortzing schrieben die Musik dazu, Eichendorff, Mörike, Hauff, Uhland die Verse — Musik und Literatur, beides stark durchwoben von der Romantik, die schon seit Ende des 18. Jahrhunderts die Grundstimmung aller Herzen war und die der ganzen Epoche ebensogut den Namen hätte geben können.
Das Liebenswürdigste aber, was uns das Biedermeier hinterlassen hat, sind seine Bilder. Sie sind so sauber, so morgendlich, daß man den Lavendelduft geradezu riecht. Seit Pieter de Hooch, also seit 1650, hatte niemand mehr das enge Glück, den Frieden der vier Wände und jene Vornehmheit, die aus der Armut kommen kann, so schön besungen wie die Maler des Biedermeier: Kersting, Ludwig Richter, Kobell, Gärtner, Oldach, Hasenclever, Wasmann, Hummel, Stieler, Spitzweg, Schwind, Engert und wie sie alle heißen.

Je weiter die Zeit fortschritt, desto mehr verlor sich der Einfluß der Romantik. Bei C. D. Friedrich dominiert sie noch, bei Kersting, Engert, Hummel ist sie fast verschwunden. Die selbstquälerische Melancholie ist überwunden. Biedermeiers typisches Ingrediens ist die große Simplizität des »Inhalts«, die auffallende Enge der Sicht, die kühle Beobachtung (aus der dann der Naturalismus des großen Menzel kam), und die unsinnliche Begegnung mit dem Körper. Es gibt kaum ein Aktbild. Damit hängt wahrscheinlich auch zusammen, daß die

Bildhauerkunst fehlt. Sie wird von der Klassik bis weit in die Mitte des Jahrhunderts überlagert.

Das Biedermeier ist eine köstliche Wiederentdeckung in unserer Zeit. Vielleicht, weil wir inmitten der Industrialisierung, der Desillusionierung immer mehr unsere Heimatlosigkeit, unser verschwundenes »Behaustsein« spüren, und weil unser Herz sich heimlich nach dem bescheidenen aber sicheren Behagen sehnt.

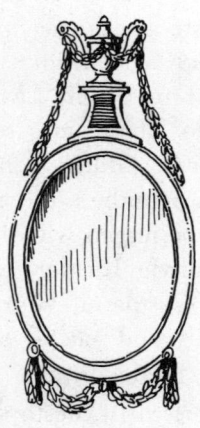

Wann?

Etwa von 1815 bis 1850.

Wo?

Mehr oder minder starke Ansätze in ganz Europa. Zentren: Deutschland und Österreich.

Wie?

Das Biedermeier ist ein betont schlichter Stil. Entwickelt aus dem Empire. In den Möbeln starke Beeinflussungen durch Sheraton. Sehr einfache Motive in der Malerei, prunklos im Kunsthandwerk. Bevorzugte Hölzer für Möbel: Mahagoni, Kirsche, Birke. Keine Bronzebeschläge, kein Zierrat mehr, das Holz soll allein durch Materialschönheit wirken. Dekorationsstoffe mit verspielten Blümchenmustern und Streifen dominieren.
In Italien und Frankreich vom Klassizismus überlagert.

Warum?

Das Biedermeier ist eine Folge der Verarmung nach den Napoleonischen Kriegen; in seiner Nüchternheit eine Reaktion auf den Prunk von Rokoko und Klassizismus. In seiner Betonung des Bürgerlichen und Häuslichen eine Folge der beginnenden Emanzipation des »Mittelstandes«.

Was?

Das Biedermeier brachte Eigenes nur in der Malerei, im Kunsthandwerk und in der Kleinkunst (Glasmalerei, Bilderbögen, Stammbuchmalerei, Hinterglasmalerei, Scherenschnitt etc.) hervor. Keine eigene Architektur, keine typische Plastik. Außer in der Malerei bleiben die meisten bildenden Künstler anonym.

Wer?

Malerei

Agasse, Jacques-Laurent (Schweiz) 1767—1849

v. Amerling, Friedrich (Österreich) 1803—1887

Daffinger, Moritz (Österreich) 1790—1849

Danhauser, Joseph (Österreich) 1805—1845

Engert, Erasmus (Österreich) 1796—1871

Friedrich, Caspar David (Deutschland) 1774—1840 (Romantiker)

Granville, Ignace-Isidore Gérard (Frankreich) 1803—1847

Hasenclever, Joh. Peter (Deutschland) 1810—1853

Hosemann, Theodor (Deutschland) 1807—1875

Hummel, Joh. Erdmann (Deutschland) 1769—1852

Kersting, Friedr. Georg (Deutschland) 1785—1847

Krüger, Franz (Deutschland) 1797—1857

Oldach, Julius (Deutschland) 1804—1830

Overbeck, Joh. Friedrich (Deutschland) 1783—1869 (Nazarener)

Richter, Ludwig (Deutschland) 1803—1884

Schnorr von Carolsfeld, Julius (Deutschland) 1794—1872 (Nazarener)

Schwind, Moritz von (Deutschland) 1804—1871 (Romantiker)

Spitzweg, Karl (Deutschland) 1808—1885

Stieler, Josef (Deutschland) 1781—1858

Waldmüller, Ferd. Georg (Österreich) 1793—1865

Wilkie, David (England) 1785—1841

»Oberförster Seyd und seine Familie« von Joseph Hartmann, 1845. Das Bild atmet die ganze Luft des Biedermeier – der brave, rechtschaffene Mensch in seiner Behausung, mit dem Willen zum bescheidenen Glück und zur Sauberkeit »innen und außen«, Sauberkeit auch wörtlich gemeint: In jener Zeit schrieb der Arzt Dr. Hofmann den unsterblich gewordenen Struwwelpeter. Dreispitz und Kniehose der vorigen Generation galten nun schon als Maskerade. Der entscheidende Schritt zur modernen Kleidung war getan.

Die Bauakademie in Berlin (1831/35). Interessanter Versuch Schinkels, etwas ganz Neues zu schaffen. Der Stil der Industrie- und Zweckbauten der Gründerzeit kündigt sich an!

»Die Berliner Parochialstraße«, Gemälde von Gärtner (1831), eine Kleine-Leute-Gasse, die das Biedermeier schon so vorgefunden hatte und unverändert weitergab. Es schuf keinen neuen Baustil.

Ein Münchner Schlafzimmer mit allem typischen Mobiliar eines gutsituierten Hauses.

Vornehmes Wohnzimmer. Der Ofen noch aus der klassizistischen Epoche.

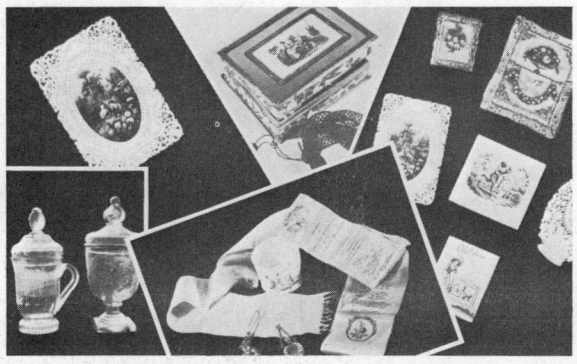

Die vielen Kinkerlitzchen, die das Biedermeier als »Poesie des Lebens« so liebte.

Dreiseitig verglaster Vitrinenschrank in Mahagoni mit schlichtem Intarsienschmuck. Als Möbel eine Neuschöpfung des Biedermeier.

Das Nähtischchen war für das Biedermeier eines der wichtigsten Möbel, an dem die Frauen viele Stunden ihres Lebens verbrachten.

Schreibsekretär aus Nußbaum, mit schwarzen Zierleisten abgesetzt. Die beiden Sphinxbüsten sind ein Geschmacks-Überbleibsel des Empire.

Der typische Biedermeierstuhl mit dem nierenförmigen Rückenbrett. Variationen waren die Lyraform der Rückenlehne und die Sheratonstäbe.

»Die Sängerin Henriette Sontag«, von Johann Erdmann Hummel, 1828.

»Der Spielplatz im Park«, Gemälde von Jacques-Laurent Agasse.

»Der Antiquar« von C. Spitzweg. Alles Bedrückende der Zeit ist durch ein amüsiertes Lächeln überwunden.

»Die Stickerin« von Kersting, 1812. Das karge Bild ist ein besonders schönes Beispiel für die Atmosphäre der Innigkeit und nicht schmerzenden Armut des frühen Biedermeier.

»Zwei Männer in Betrachtung des Mondes« (Ausschnitt) 1819, von C. D. Friedrich, dem schwermütigen Hauptmeister der Romantik.

KLASSIK — LIEBLING DER DIKTATOREN

Als das Biedermeier durch die Drehtür der Weltgeschichte eintrat, drehte sich Napoleon gerade eigenhändig hinaus. Mit ihm sein Lebensstil, das Empire, der Gipfel der klassizistischen Epoche. Kein Zufall. Das Empire, Biedermeiers Vorgänger, war Napoleons Protegé gewesen; es leitete sogar den Namen von ihm, dem Empereur, ab.

Hinter dem Namen »Empire« (französisch nasal gesprochen) verbirgt sich nichts kompliziert Geheimnisvolles, wie etwa hinter jenen englischen Stilen, die sich nach Queen Elisabeth oder Anne oder Mary numerieren oder nach nie gehörten Tischlern benennen. Nein, das Empire ist weiter nichts als die Wiedergeburt der klassischen Antike, und zwar der römischen. Von der griechischen wußte man ausgangs des 18. Jahrhunderts noch nicht sehr viel; in der römischen aber schwärmte man, seit Winckelmann sie wiederentdeckt und enthusiastisch beschrieben hatte.

Das war im richtigen Moment passiert. Als Napoleon 25 Jahre danach zur Macht kam, fand er schon genau das vor, was — wie ein inzwischen geflügeltes gastronomisches Wort sagt — »Männern so gut schmeckt«. Gajus

Julius Cäsar und Kaiser Augustus sind es, von denen die Diktatoren aller Zeiten träumen. Zwischen keinen Möbeln herrscht, blitzt, donnert und verordnet es sich so gut, wie zwischen den römisch-klassischen; nirgends sitzt man infolge der Unbequemlichkeit so imposant aufrecht, wie in einem Empire-Sessel, und rechte Hand im Westenausschnitt ist vor einem Cäsaren-Schreibtisch die gegebene Haltung, während sie zwischen Biedermeier-Möbeln lediglich ein Zeichen ist, daß einem die Finger frieren. In einem Empire-Salon »ergreift« man das Wort, im Biedermeierzimmer unterhält man sich. Und so, wie sich Madame Récamier 1805 am hellen Tage kleidete, lag man 1830 höchstens im Bett, nämlich im Tunika-Gewand.

Winckelmann, der geistige Urheber der ganzen Sache, war ein Deutscher (auch noch Sachse!), womit wieder einmal die These erhärtet ist, daß wir an allem schuld sind. Als er 1768 starb, befand sich die Antiken-Begeisterung, noch im Stadium der intellektuellen Neugierde, man lebte ja noch mitten im Rokoko, und die aufkommende Liebe zur Klassik wäre wohl ein »Ismus«, ein geistiges »Verhältnis« geblieben, das nur die Bildthemen verändert, die Säulen an den Hausfronten und in den Salons vermehrt und die O-Beine der Rokokosessel geradegezogen hätte, wie es unter Ludwig XVI. ja auch wirklich noch geschah. Aber dann kam die Französische Revolution, ein Umbruch, der das Unterste zu oberst kehrte und ganz andere Menschen heraufbrachte, Demagogen, die sich als Brutus fühlten, als Cassius, als Gracchus. Die römische Welle kam ihnen also sehr gelegen. Sie fingen mit der Mode an — viel weiter kamen sie nicht, denn zwischen Blut, Ruinen, Krieg und Panik läßt sich schlecht ein Stil verwirklichen. Die Nachwelt hat ihren Versuch dann »Directoire« genannt.

Erst als Napoleon auf den Plan trat, war der Augenblick gekommen: er hob die Hand, das Empire wurde geboren. Die Maler, die Bildhauer, die Bronzegießer, die Tischler, die Baumeister begannen zu werkeln, und wenn Napoleon als Mann die modische Hemmungslosigkeit der Frauen gehabt hätte, so würden die Schneider damals nicht nur die Nachthemdengewänder der Julia und Kleopatra wieder eingeführt, sondern auch die Toga Ciceros und Cäsars für die Herren auf den Markt geworfen haben. So weit aber kam es nicht, vielleicht weil Napoleon zu viel unterwegs war.

Das Empire verbreitete sich aus denselben Gründen über ganz Europa, wie heute — nun, sagen wir — der amerikanische Lebensstil überall »Eingang gefunden« hat: Eene mene ming mang, der Sieger bestimmt den Sing-Sang. Ein einfacher Abzählvers, den man sich leicht merken kann.

Sehr begeistert waren die Deutschen damals nicht, we-

der von der französischen Invasion noch von dem neuen Empire-Stil, und sie hätten ihn überhaupt nicht mitgemacht, sondern wären bei dem maßvollen, halb rokokolich, halb klassizistischen Louis XVI. (dem mit den geraden Beinen) geblieben, wenn nicht in jedem besseren Haus irgendein französischer Besatzungsoffizier mit Kost und Familienanschluß einquartiert gewesen wäre und dauernd über die alten Möbel, Bilder, Kleider und Häuser gelächelt hätte. Nein, belächelt wollte man nicht werden; das konnten wir schon damals nicht vertragen.
So machten sich also auch die deutschen Maler, Bildhauer, Bronzegießer, Tischler und Baumeister auf und erstellten das Neueste vom Neuen! Und wir Nachfahren haben den ganzen riesigen Empirestil auf dem historischen Hals, statt des hübschen Ismus, der der Klassizismus hätte bleiben können. Darüber freuen sich nicht einmal die Antiquitätenhändler übermäßig, denn er läßt sich schwer verkaufen. Er ist sperrig, protzig, kalt, anspruchsvoll. Eine Zwei-Zimmer-Wohnung sprengt er glatt in die Luft. Die Möbel sind schwer, unbeweglich und ungemütlich, die Sessel steif und repräsentativ wie Throne, mit Greifenfüßen, halbfigurigen Faunen oder Sphinxen als Stützen, mit Schwanenhals-Armlehnen, quadratischen oder kreisrunden Rücken, die Tische ähnlich »kleopatriarchalisch«. Bei den Schränken schwebten die Schöpfer etwas im unklaren, da Brutus keine Beispiele geliefert hat: sie sind also unterschiedlich, meist nicht hoch, mit strengen Senkrechten, eventuell Säulen, auf jeden Fall mit vergoldeten Beschlägen, oft auf Konsoluntersätze gestellt. Uhren, die man damals sehr liebte, montierte man gern auf die Schäfte von Säulenbruchstücken. Zu dieser Zeit entwickelte sich auch das Wand-Klavier, indem das Empire den Flügel mit seinem Saitenteil einfach senkrecht hinter der Tastatur aufrich-

tete — natürlich reich mit goldenen Figurenreliefs bestückt.

Ob sich Cäsar in diesem Milieu so sehr wohl gefühlt hätte, halte ich nicht für sicher. Ich glaube, er war viel weniger klassisch als Napoleon. Aber wir haben ja seltsame Vorstellungen von »klassisch«. Das Empire, das den Titel »Klassiker« übrigens zum erstenmal als Spitze der Gefühle für einen Dichter angewandt hat, vergab ihn an Johann Christoph Gottsched und tat damit kund, daß man in Deutschland drei Bedingungen an einen Klassiker stellt: Er muß erstens langatmig, zweitens humorlos, drittens verstorben sein. In der Tat, zwischen Empiremöbeln kann man nicht lachen; sie sind, obwohl sie schüttelfest sind, dafür nicht gedacht. Ich kenne auch von Napoleon kein Zeugnis, daß er jemals gelacht hätte.

In Deutschland (auch in England und Skandinavien) trat das Empire nicht so extrem auf wie in Frankreich. Es hatte nicht jeder Sessel seinen Schwanenhals. Man fühlte im Ganzen ziviler. Beispielsweise trug man, ob-

wohl die napoleonische Kniehose mit Frackjacke noch bis etwa 1815 offizielle Staats- und Hoftracht blieb, auf der Straße schon sehr viel die lange kommode Hose, die sich dann im Biedermeier endgültig durchsetzte.
Auch in der Baukunst (Säulenfassaden, Säulenvorbauten, stumpfe antike Giebel, flache Dächer, Treppenhallen mit kannelierten Pilastern) errichteten wir im Gegensatz zu Frankreich keine Phanthéons. Die Allerhöchsten Herrschaften begnügten sich mit dem Brandenburger Tor in Berlin (von Langhans), mit den Karlsruher Bauten von Weinbrenner, dem Schloß Wörlitz von Erdmannsdorff und einigen, später noch hinterherziehenden Bauten von Gilly, Schinkel und Klenze (wie den Propyläen in München und dem Schauspielhaus in Berlin). Privathäuser in reinem Empire blieben eine Seltenheit.

Mit der Bildhauerei verhielt es sich merkwürdig. Die klassizistische Plastik war schon früh, schon bald nach Winckelmann, begehrt, aber zunächst als echtes Ausgrabungsstück oder als Kopie. So hat auch Goethe sie in seinem Haus gehabt. Die zeitgenössische, die Neuschöpfung, drang erst mit Verspätung durch. Dannecker, Schadow, Canova, Thorwaldsen erlebten ihren höchsten Ruhm, als bereits das Biedermeier da war.
Den radikalsten Schnitt, die radikalste Umwälzung bereitete die klassizistische Welle der Malerei. Heute, aus der Entfernung von fast 200 Jahren, können wir uns von der Schockwirkung kaum noch einen Begriff machen. Jacques Louis Davids »Schwur der Horatier«, eine klassizistische, eisige Riesenleinwand, schlug wie ein Ziegelstein in eine Porzellanvitrine ein. Das ereignete sich 1784, als Fragonard noch seine Rokoko-Soufflés malte und an den Wänden der Boudoirs die Galants der berühmten französischen Farbstecher hingen. Es hatte schon vorher in der Malerei Anläufe von Klassizismus gegeben, aber mit den »Horatiern« brach der neue Stil elementar durch.
Es ist eine wirklichkeitsfremde Malerei, die sich das klassische Rom offenbar als ein einziges, immerwährendes Elysium voller Heroen und Halbgöttinnen vorstellte; die die Natur mißachtete, die Gegenwart ignorierte, die Pose für schön und die Zufälligkeit für häßlich hielt. Großartig aber sind die Porträts und die Zeichnungen jener Zeit. Die Bleistiftzeichnungen Schadows wiegen viele Quadratmeter der Maler auf.

Als Napoleon auf Sankt Helena saß und das Biedermeier längst seinen Einzug gehalten hatte, ja, sogar als die Gründerzeit bereits gekommen war, dauerte der Einfluß der Klassik immer noch an. Anselm Feuerbach war einer der Letzten, die — allerdings sehr individuell und romantisch abgewandelt — noch in ihrem Bann standen. Schönes und Häßliches, es wohnt immer eng beieinander, Segen und Unheil stecken in fast allem gemeinsam, und irgendwie gehen von jeder Epoche gute Samen auf.

>>Willst du nach den Früchten greifen,
eilig nimm dein Teil davon!
Diese fangen an zu reifen,
und die andern keimen schon;
gleich, mit jedem Regengusse,
ändert sich das holde Tal,
ach, und in dem selben Flusse
schwimmst du nicht zum zweitenmal.<<
(*Goethe* — der Größte jener Zeit)

Wann?

Etwa von 1785 bis 1815 (Baukunst und Plastik bis Mitte des 19. Jahrhunderts).

Wo?

Überall in Europa, besonders in Frankreich und England (wird auch zum britischen »Kolonialstil«).

Wie?

Der Klassizismus bedeutet das Zurückgreifen auf das antike Formgefühl und ist seinem Vorgänger, dem Rokoko, geradezu entgegengesetzt. Die strenge Gerade triumphiert. Antike Säulenordnung, Säulenkolonnaden, kannelierte Pilaster, klassische Giebel (oft mit Statuen-Füllung) sind Hauptrequisiten der Baukunst, wobei sich in Deutschland, vor allem in Preußen, die kühle Auffassung Schinkels durchsetzt, während in Frankreich immer eine gewisse Wärme erhalten bleibt. In den offiziellen Bauten tauchen Triumphbogen, Obelisken und Tempel wieder auf.

Das Prinzip der Rechtwinkligkeit dominiert auch im Kunsthandwerk, die Möbel sind streng und vermeiden alle Schwünge. Ein Kennzeichen des Empire und späten Klassizismus ist der schwer wirkende, unmittelbar mit dem Boden abschließende Sockel bei Schränken, Betten und Kommoden. Antikisierendes figürliches Beiwerk, im Empire auch aus dem Ägyptischen (Sphinxe). Farblich geht die Entwicklung von der Weiß-Gold-Fassung des Louis Seize zum dunkel furnierten, mit reichen feuervergoldeten Beschlägen versehenen Empire-Stück. Bevorzugtes Holz: Mahagoni.

Die Plastik orientiert sich vollständig an der Klassik, sie bringt auch den Marmor wieder zu Ehren.

Die Malerei sieht ihre Aufgabe in der Glorifizierung, sowohl im Historienbild wie im Porträt. Kräftige, flächige Farben; Akte werden zu Marmorkörpern. Oberstes Gesetz: Vermeiden der »häßlichen Realität«.

Warum?

Die »Aufklärung« des 18. Jahrhunderts (Locke, Hume) mit ihrer negativen Bewertung alles Gefühlsmäßigen und Kapriziösen sowie die gleichzeitige Wiederentdeckung der römischen Antike (Ausgrabung von Pompeji etc.) erweckten die Bewunderung für die Kunst des Altertums. Das Aufkommen der Cäsarengestalt Napoleon (mit seiner gewollt klassischen Attitüde) und sein Auftreten in halb Europa bewirkten den Durchbruch des Klassizismus in seiner extremsten Form, dem Empire.

Was?

Der Klassizismus hat auf allen Gebieten der bildenden Kunst Eigenes hervorgebracht. Das Empire am unverwechselbarsten in den Möbeln.

Wer?

Baukunst

Adam, Robert (England) 1728—1792 (Adam-Stil)
Adelcrantz, C. Friedr. (Schweden) 1716—1796
v. Erdmannsdorff, Fr. Wilh. (Deutschland) 1736—1800
Fontaine, Pierre (Frankreich) 1762—1853
Gärtner, Friedrich (Deutschland) 1792—1847
Gilly, David (Deutschland) 1748—1808
Hamilton, Thomas (England) 1784—1858
v. Klenze, Leo (Deutschland) 1784—1864
Langhans, Carl Gotthard (Deutschland) 1732—1808
Percier, Charles (Frankreich) 1764—1838

Quarenghi, Jacopo (Italien) 1744—1817

Schinkel, Karl-Friedr. (Deutschland) 1781—1841

Soane, John (England) 1752—1837

Soufflot, Jacques-Germain (Frankreich) 1713—1780

Valadier, Giuseppe (Italien) 1762—1839

Weinbrenner, Friedrich (Deutschland) 1766—1826

Plastik

Canova, Antoine (Italien) 1757—1822

Dannecker, Joh. Heinrich (Deutschland) 1758—1841

Flaxman, John (England) 1755—1826

Rauch, Christian Daniel (Deutschland) 1777—1857

Schadow, Gottfried (Deutschland) 1764—1850

Schwanthaler, Ludwig (Deutschland) 1802—1846

Thorwaldsen, Bertel (Dänemark) 1768—1844

Zauner, Franz (Österreich) 1746—1822

Malerei

Abildgaard, Nicolai (Dänemark) 1743—1809

Appiani, Andrea (Italien) 1754—1817

Carstens, Asmus (Dänemark) 1754—1798

David, Jacques Louis (Frankreich) 1748—1825

Gérard, François (Frankreich) 1770—1837

Hamilton, Gavin (England) 1723—1798

Ingres, Jean-Auguste Dominique (Frankreich) 1780—1867

Koch, Joseph Anton (Österreich) 1768—1839

Mengs, Anton-Raphael (Deutschland) 1728—1779

Schick, Gottlieb (Deutschland) 1776—1812

Tischbein, Joh. Heinr. Wilh. (Deutschland) 1751—1829

Vernet, Horace (Frankreich) 1789—1863

Vigée-Lebrun, El.-Louise (Frankreich) 1755—1842

Kunsthandwerk

Möbel

Fontaine, Pierre (Frankreich) 1762—1853
Jacob-Desmalter, François (Frankreich) 1770—1841
Lemarchand, Charles Joseph (Frankreich) gest. 1818
Percier, Charles (Frankreich) 1764—1838
Riesener, Jean-Henri (Deutschland) 1734—1806 (Spätzeit)
Roentgen, David (Deutschland) 1743—1807 (Spätzeit)
Schwerdfeger, Joh. Ferd. (Deutschland) zweite Hälfte 18. Jahrhundert
Sheraton, Thomas (England) 1751—1806
Weisweiler, Adam (Deutschland) nachweisbar 1778—1809

Bronzearbeiten
Thomire, Pierre Philippe (Frankreich) 1751—1843

Gold- und Silberarbeiten
Germain, François Thomas (Frankreich) 1726—1791

Porzellan / Keramik
Grassi, Anton (Österreich) 1755—1807
Wedgwood, Josia (England) 1730—1795

»Staatsrat Rivière« (Ausschnitt) von Ingres, 1805. Man trug enge, helle Kniehosen, Weste, Frack, Halsbinde und hohen Hut. Auch kurze Spenzer und zweifarbige Reitstiefel waren schick. Der Spazierstock ersetzte den Degen.

»Madame Récamier« (Ausschnitt) von Gérard, 1802. Sie trägt das antikisierende weiße Hemdkleid sowie den obligaten Schal (Kaschmir in Goldgelb). Für die Straße kam ein Überhang hinzu. Die Taille lag direkt unter der Brust.

Schloß Wörlitz, von Erdmannsdorff (1773). Früher Klassizismus mit deutlich englischem Geschmackseinschlag. Neu und besonders harmonisch das niedrige erste Obergeschoß.

Das Große Schauspielhaus in Berlin von Schinkel, 1818, streng nach dem Vorbild der Antike, mit großer Freitreppe und Säulenportikus.

Privathaus in Trier. Kein Portikus, keine Säulen, eine sehr gelungene zivile Atmosphäre, heiter und anheimelnd bürgerlich.

Das Behn-Haus in Lübeck, ca. 1790, einer der seltenen klassizistischen Privatbauten. Die übergroße Eingangshalle ist zweifellos ein unbewußtes Rudiment der norddeutschen Diele.

Wörlitz, Konzertzimmer. Die Stuck-Grotesken und antikischen Decken-Malereien von Erdmannsdorff gehen auf Anregungen von Winckelmann zurück.

Zimmerflucht aus der Würzburger Residenz (Ausbau um 1810). Der Geschmack hat sich zum Empire verpompt.

Schrank aus einem napoleonischen Salon in Fontainebleau.

Klassizistischer Schreibtisch von Dav. Roentgen, im Auftrag Marie-Antoinettes geschaffen.

»Der Schwur der Horatier« (3,30 × 4,25 m) von J. L. David, 1784. Das Bild bedeutete den Durchbruch des Klassizismus in der Malerei.

»Goethe in der Campagna« v. Wilhelm J. H. Tischbein, 1787, ein idealisierendes und heroisierendes Bild.

Zeichnung von Schadow.

Französisches Empire-Bett, Mahagoniholz mit dem typischen ägyptisierenden Dekor in vergoldeter Bronze.

Rundtisch aus dem Vorzimmer Napoleons in Fontainebleau.

Schlichter bürgerlicher Empirestuhl, von Sheraton beeinflußt.

»Kronprinzessin Luise und ihre Schwester«, Marmorplastik von Schadow, 1795. Das Klassizistische verbindet sich hier seltenerweise mit dem menschlich Rührenden.

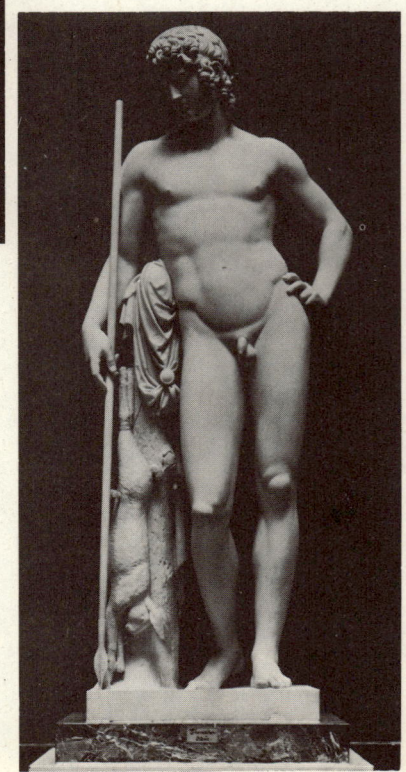

»Adonis«, Marmorplastik von Thorwaldsen. Unpersönliche Nachahmung griechischer Vorbilder.

Rokoko —
ein Sommernachtstraum

Natürlich war es gar nicht der Klassizismus allein, der mit der Rokoko-Tändelei des 18. Jahrhunderts Schluß gemacht hat, sondern die Französische Revolution. Die Künstler, vor allem die modernen Schriftsteller, sonnen sich zwar gern in der Behauptung, daß sie ihre geistigen Füße auf dem Gaspedal oder auf der Bremse des Zeitgeschehens haben, aber in Wahrheit dürfen sie höchstens mal den Schock ziehen. Fahren tun ganz andere (man erkennt sie überall an der Schirmmütze).

Nein, mit der Rokoko-Märchenwelt war es zu Ende, als Robespierre im Jahre 1793 seinem König, Ludwig XVI., sowie Tausenden von Adligen und Hunderttausenden von Beamten, Kaufleuten, Wissenschaftlern, Handwerkern und Bauern den Kopf abschlagen ließ. Worauf man allenthalben, auch in Deutschland, aufwachte.

Ludwig XVI. war an dem französischen Staatsbankrott der unschuldigste von allen Schuldigen. Ja, er hatte sogar schon, wie Sie sich erinnere werden, damit begonnen, wenigstens den Tischen und Stühlen des Rokoko die Beine lang zu ziehen und etwas klassische Geradlinigkeit in alles, auch seine Finanzen, zu bringen. Letztes

ohne Erfolg. Dazu hätte es einer Änderung des ganzen Lebensstiles der Zeit bedurft; die Menschen gehörten aber innerlich immer noch dem Rokoko an, auch noch unter Louis Seize.
Bei dem Worte Rokoko (abgeleitet von rocaille — Muschelwerk) steht vor unserem Auge ein ganz bestimmtes Bild auf; wir denken an Reifröcke, Puderperücken, Kavaliershäuschen, Gartenfeste, Spiegelkabinette, Mätressen und vor allem Schulden. Tatsächlich hat nie wieder eine Epoche eine solche Märchenbühne aufgebaut und ihre Menschen (sofern sie es sich leisten konnten) so wunderbar, so elegant und farbschön angezogen wie das Rokoko.
Die Damen trugen anfangs des Jahrhunderts, als das Barock zum Rokoko umzubrechen begann (»Régence« in Frankreich, »Queen Anne« in England), die »Contouche«, das lange, nach unten glockig fallende Kleid, wie es Watteau in herrlich irisierenden Farben gemalt hat. Der Kopf schien winzig und war mit einem noch winzigeren Käppchen bedeckt. Stöckelschuhe verschoben die Proportionen puppenspielerisch in die Länge.
Gegen Mitte des Jahrhunderts verengte sich die Taille bis zu atemberaubender Zerbrechlichkeit, während an den Hüften der Rock sich rechts und links über den »paniers à coudes« (den Körbchen) zu bauschen begann. Darüber trug man die Robe, ein schwingendes, langes Überkleid, das die seidenen Schuhchen umspülte. Das Haar war weiß gepudert, ließ also kein Alter erkennen, und um den Hals trug man ein Rosenbändchen oder ein Spitzenstreifchen, was auf das angenehmste die verräterischen Falten verdeckte. Auch die Herren waren pastellen berüscht und verspitzt, beseidet und gepudert, mit engen Kniehosen, gespreizten Röcken, Jabots, Riechfläschchen und Stoßdegen; sie standen hinter den Damen nicht zu-

rück. Und hier kommen wir nun zu einer recht betrüblichen Feststellung: die Männer waren reichlich albern; sie waren, wenn man es recht besieht, unerträglich narzißtisch und hohl. Aber zum Betrachten, zum Ansehen aus der Entfernung von 200 Jahren: Märchenprinzen, gegen die wir heute trostlos-graue Kohlenmänner sind.
Das Rokoko (es begann ungefähr um 1715) war die Epoche des uneingeschränkten Optimismus. Wohin er zu führen pflegt, demonstrierte Robespierre. Jedoch es ist ein altes Lied: Wer bei einer Woge derartiger Lebenslust nicht mitmacht, heißt Nörgler und Spielverderber. Im Rokoko wollte jedermann mitmachen, und als Schiller 1777 seine »Räuber« niederzuschreiben begann, war nicht nur sein Herzog aufgebracht: die ganze »Große Koalition« der damaligen Gesellschaft fand diesen Geist empörend. Man *wollte* nichts sehen. Man wollte genießen. Man wollte nicht weinen (das war verpönt), man wollte lachen. Hatte man nicht allen Grund dazu? Wäschermädchen wurden Gräfinnen, Kärrner-Töchter Marquises und Papa als Lieferant reich.

Wie alle Verallgemeinerungen ist dieses Bild natürlich einseitig, aber es zeigt jene Seite, die die Epoche bestimmt hat.

Was kann man von Menschen solchen Geistes erwarten? Kinkerlitzchen? Tatsächlich hat man im 19. Jahrhundert das Rokoko in Bausch und Bogen verachtet. Die genialen Künstler, wie Haydn und Mozart, hat man als außerhalb ihrer Zeit stehend betrachtet. Das ist falsch. Das Rokoko hatte ein ausgeprägtes Empfinden für Schönheit und war der Nährboden für ungezählte Genies — und zwar fröhliche. Aber das ist's ja! Für die deutschen »Kunstvermessungsbeamten« sind Größe und Heiterkeit anscheinend unvereinbar.

Das Rokoko war eine Epoche der Augen-Menschen. Wundervolle Maler sind aus ihr hervorgegangen, in Frankreich, dem Geburtsland des Rokoko: Watteau, Fragonard, Boucher, Nattier, Lancret; in Italien (mit der Hochburg Venedig) Piazzetta, Tiepolo, Longhi, Canaletto, Guardi; in England Gainsborough, Reynolds. Sogar Schweden verewigte sich mit zwei brillanten Malern: Desmarées und Roslin.

Wenn man die Namen liest, ahnt man schon, wie diese Malerei aussah: Lauter Bilder, die eine rosa Seidentapete geradezu verlangten. Deutschland steht in dieser Gesellschaft ein bißchen traurig da. Wie könnte es auch anders sein. Hätte Boucher nicht Boucher, sondern Fleischer geheißen (was er ja tat), und wäre er statt aus Paris aus Unna gekommen, so hätten wir dafür gesorgt, daß die Welt um ein heiteres Genie ärmer wäre.

Wir also, wir hatten Raphael Mengs aufzuweisen, der es vorzog, die meiste Zeit im Ausland zu malen, und überdies am Ende ins klassizistische Lager überging; dann Anton Graff, der aus der Schweiz stammte und (deshalb) auch nicht gerade der vergnügteste war; Maulbertsch, der sich nach Wien absetzte; Chodowiecki, der in Berlin das »Preußische Rokoko« repräsentierte, welches etwa mit einem Spezialrokoko von gut erzogenen Höheren Töchtern zu vergleichen ist.

Nein — der genialste deutsche Maler war zweifellos Pesne, der lediglich den Fehler hatte, sich schwer auszusprechen (Pähn) und überdies reiner Franzose zu sein. Er lebte aber sehr lange in Berlin. Friedrich der Große, den die Bayern auch Friedrich II. nennen, hatte ihn sich geholt. Hut ab! (Im Vertrauen: Schon Friedrichs Vater, der Soldatenkönig, hatte es einmal getan. Helm ab!)

Während die Malerei sich in Thema, Stil und sogar Format von der Theatralik des väterlichen Barock gelöst hatte und unverkennbar etwas Eigenes (Verspieltes) geworden war, blieb die Plastik stark dem Barock verhaftet. Sie zierte sich ein bißchen mehr, sie wand und drehte sich etwas preziöser und war statt barock-dynamisch jetzt graziös und liebenswürdig; jedoch die Grenzen verwischen sich. Seltsam aber ist eines: sie war zu neunzig Prozent religiös. Das ist überraschend. Demnach — wer die Psyche des menschlichen Portemonnaies kennt — scheinen Kirchen und geistliche Herren die Hauptauftraggeber gewesen zu sein. Und so war es in der Tat. Von Asam, Straub, Ignaz Günther und Dietz, um die berühmtesten deutschen Bildhauer zu nennen, wurde der Rokoko-Himmel mit zwar nicht gerade lachenden, aber fast galanten Heiligen und Putten bevölkert, was ihm übrigens gut bekam.

In den dreißiger Jahren gab es jedoch noch eine weit größere Überraschung. Herr Böttcher hatte in Meißen das Geheimnis des Porzellans entdeckt. Er konnte seine Entdeckung auf die Dauer nicht schützen, sie wurde wieder mal »ans Ausland verraten«, und bald schossen die Manufakturen überall aus der Erde. Jedermann dachte damals lediglich an Tassen und Kaffeekannen und ahnte nicht, daß dem Rokoko hier das kongeniale Material für seine Bildhauer geschenkt worden war. Die farbige Porzellanplastik, Urenkelin der griechischen Tanagra-Figürchen, wurde geboren, eroberte im Fluge die Herzen (Winckelmann allerdings fand Porzellan abscheulich) und machte die Namen ihrer Schöpfer (Kändler, Bustelli, Falconet) denen der großen Bildhauer ebenbürtig. Die Registrierkassen aller Antiquitätengeschäfte können es Ihnen noch heute bestätigen.

Porzellan-Plastiken hätten auch dem Barock schon gut gefallen — wenn sie meterhoch und glorios gewesen wären. Und damit haben wir die Formel für den Unterschied in der Baukunst. Das Rokoko ähnelt dem Spätbarock im Bauen stark (wie auch die Baumeister meistens nicht nur einer der beiden Stilrichtungen angehören), jedoch ganz und gar nicht in seinen wirklich typischen Werken der Hoch-Zeit. Das Barock, kraus und, wie wir später sehen werden, theatralisch, ging ins Große; das Rokoko wandte sich, je später die Zeit, ins Kleine (»klein« natürlich nicht im Sinne der heutigen Zweizimmer-Wohnungen). Die Liebe zum Intimen, zum Überschaubaren, zum Detail, zum Spielerischen ist typisch. Auch die Namen vieler Bauten bezeugen es: »Monbijou« — mein Schmuckstück, »Petit Palais«, »Solitude« (Einsamkeit), »Monrepos« (Meine Ruhe).

Die Gliederung und Belebung der Front übernahm statt des Baumeisters immer stärker der Stukkateur. Die Grundrisse vereinfachten sich zunehmend, sogar bei den Kirchen. Die Wallfahrtskirche »Wies« in Oberbayern (Dominikus Zimmermann) ist nur noch ein Oval mit Altarausbuchtung. Aber wie gesagt, der Übergang der Stile ist fließend, ja, oft kann man sich sogar über die Zugehörigkeit streiten.

Die Rokoko-Privatbauten nannten sich zwar gern »Palais«, begnügten sich aber oft mit einem Saal, einem intimen Wohnraum, einigen Schlafzimmern und ein paar Kammern. Auch Friedrich der Große war bei seinem Sanssouci (von Knobelsdorff und Joh. Nahl) sehr bescheiden, und sein Herr Vetter in München ließ sich von Cuvilliés eine kleine »Amalienburg« im Nymphenburger Park und ein noch kleineres Theater in der Residenz bauen. Auch in Paris wurde das kleine Stadt-Palais Mode.

Unersättlich aber war man im Ornament. Es machte sich geradezu selbständig. Statt Pilaster erschien ein Leiterwerk von Ornamenten, das den Träger verbarg. Flächen, die vorher offen zugegeben hatten, schlichte Zimmerwände zu sein, wurden nun ringsum mit kunstvoll schwingend-eleganten Leisten in Gold und Silber umgeben, so daß die Wände nur noch Blindfüllungen der Rahmen zu sein schienen. Dieser Eindruck wurde durch die heiter-farbigen Bespannungen und Bemalungen noch erhöht.

Das ist übrigens nicht so einmalig in der Welt: Das alte China hatte ein ähnliches Wohngefühl, und es ist kein Zufall, daß im Rokoko die Chinoiserien (Venedig!) aufkamen, die Lackmöbelchen, Lackkästchen und Paravents, nicht zu vergessen: chinesische Gärten (man kokettierte überhaupt gern mit Ländlichem; »bergère«, Schäferin, benannte man sogar einen Polstersessel).

Die Hauptmöbel des Rokoko — wenn man von dem stoff-schwülstigen Bett einmal absieht — waren der Tisch als bureau plat (dessen ungebrochene Platte geradezu ein Ruhepunkt für das Auge war), die Kommode (bauchig, reich eingelegt und mit feuervergoldeten Bronze-Beschlägen), die Konsole (typische Rokoko-Spielerei mit ihren zwei Beinen wie ein halbiertes Tischchen), Sesselchen und der Boudoir-Tisch, die »poudreuse« (an der man viele Stunden zubrachte, Schokolade trank und Besuche empfing, während man sich puderte und zur Puppe schminkte).

Strenge Symmetrie und starre Gerade waren verpönt. Begann irgend etwas, zum Beispiel ein Stuhlbein oder eine Leiste, mit einem Schwung, so wurde er mit Sicherheit auf halbem Wege unterbrochen und zurückgebogen oder ganz neu tangential an eine Gegenkurve angesetzt, so, wie es das Sinnbild des Rokoko, die Rocaille, ja ver-

körpert. Das Möbelholz (Nußbaum, Buchsbaum, Zeder, Mahagoni) erfuhr eine bewundernswerte Behandlung, die Ebenisten waren reine Zauberer (Cressent, Risenburgh, Oeben). Mitunter faßte man die Sessel farbig, elfenbein, bleu, rosa, und bezog sie statt mit Seide mit Gobelin oder petit-point-Stickereien — wenn man heute einem solchen Oebenexemplar begegnet, wagt man sich nicht zu setzen, obwohl man es nach einem Blick auf das dezente fünfstellige Preisschild gern tun möchte.

Mesdames, messieurs (man parlierte als Mann von Welt französisch), wenn Ihnen schwach um den Magen wird, nehmen Sie einen Schluck Eau de Cologne! Johann Maria Farina hat es in Köln gerade erfunden! Man kann es auch äußerlich anwenden, Mademoiselle, dann ersetzt es das Waschen.

Es muß eine (verhängnisvoll) amüsante, ja sogar eine (verhängnisvoll) schöne Zeit gewesen sein. Schließlich sind nur Jean Jacques Rousseau und Friedrich Schiller vor Wut geplatzt, während sich der junge Goethe, Lessing, Gluck und Kant offenbar ganz wohl gefühlt haben.

Wann?

Um 1715 sich anbahnend, parallel zum ausklingenden Barock. Endend etwa 1785.

Wo?

In ganz Europa. Ausgehend von Frankreich. Zentrum in Italien: Venedig. Blüte des Kirchen-Rokoko: Süddeutschland.

Wie?

Baukunst, Plastik und Kunsthandwerk sind deutlich und ausschließlich aus dem Barock entwickelt. Der Übergang während des »régence« vollzieht sich ohne sichtbaren Bruch. Die Bauten bekommen intimen Charakter, die Grundrisse werden geschlossener und gerundeter; Stukkateure statt Baumeister übernehmen die Gliederung der Fronten und Innenwände. Spiegel und Goldleisten teilen die Flächen auf. Rosa und bleu bevorzugte Dekorationsfarben. Reicher, aber flachplastischer Zierrat. Hauptornament: die Rocaille.
Möbel grazil, aus edelstem Holz (Nuß, Buchsbaum, Rosenholz), auch farbig gefaßt. Alle starren Geraden ausgemerzt und in Schwung und Gegenschwung aufgelöst. Kleines Schnitzwerk, viel Intarsie (Marketerie). Im letzten Drittel des Jahrhunderts bereits klassizistische Tendenzen (Louis Seize).
Stark feminine Züge in allen Künsten.
In der Malerei ist der Wechsel zum Rokoko eklatant (wie in Musik und Dichtung). Die Bilder, farblich hochkultiviert, werden anekdotisch oder heiter bukolisch, oft stark erotisch. Viel Pastellmalerei. Entwicklung des Farbstichs.

Warum?

Entsprechend der allgemeinen politischen Ermüdung und Befriedung anfangs des Jahrhunderts beruhigte sich auch das Temperament der Künstler und verfeinerte sich zum Genießerischen, Graziösen, Verspielten.

Was?

Das Rokoko brachte auf allen Gebieten der bildenden Kunst Eigenes hervor, am unverwechselbarsten in der Malerei, im Porzellan und im Kleinmöbel.

Wer?

Baukunst

Asam, Cosmas Damian (Deutschland) 1686—1739
Asam, Egid Quirin (Deutschland) 1692—1750
Boffrand, Germain (Frankreich) 1667—1754
de Cuvilliés, François (Belgien) 1695—1768
Fischer, Joh. Michael (Deutschland) um 1691—1766
v. Knobelsdorff, Georg Wenzesl. (Deutschland) 1699—1753
Schlaun, Joh. Konrad (Deutschland) 1694—1773
Zimmermann, Dominikus (Deutschland) 1685—1766

Plastik

Dietz, Ferdinand (Deutschland) 1709—1777
Feuchtmayr, Josef Anton (Österreich) 1696—1770
Günther, Ignaz (Deutschland) 1725—1775
Hagenauer, Joh. Baptist (Deutschland) 1732—1810
Lemoyne, Jean-Baptiste (Frankreich) 1704—1778
Pajou, Augustin (Frankreich) 1730—1809
Pigalle, Jean-Baptiste (Frankreich) 1714—1785
Straub, Johann Baptist (Deutschland) 1704—1784

Malerei

Boucher, François (Frankreich) 1703—1770

Chodowiecki, Daniel (Deutschland) 1726—1801

Desmarées, Georg (Schweden) 1697—1776

Fragonard, Jean-Honoré (Frankreich) 1732—1806

Gainsborough, Thomas (England) 1727—1788

Greuze, Jean- Baptiste (Frankreich) 1725—1805

Guardi, Francesco (Italien) 1712—1793

Longhi, Pietro (Italien) 1702—1785

Mengs, Anton Raphael (Deutschland) 1728—1779

Nattier, Jean-Marc (Frankreich) 1685—1766

Pesne, Antoine (Frankreich) 1683—1757

Roslin, Alexander (Schweden) 1718—1793

Watteau, Antoine (Frankreich) 1684—1721

Zick, Januarius (Deutschland) 1730—1797

Wand- und Deckenmalerei

Asam, Cosmas Damian (Deutschland) 1686—1739

Gran, Daniel (Österreich) 1694—1757

Maulbertsch, Franz-Anton (Österreich) 1724—1796

Schmidt, Martin-Joh. (Kremser Schmidt) (Österreich) 1718—1801

Zimmermann, Joh. Baptist (Deutschland) 1680—1758

Farbkupferstich

Bonnet, Louis Marin (Frankreich) 1743—1793

Debucourt, Louis Phil. (Frankreich) 1755—1832

Janinet, Jean François (Frankreich) 1752—1814

Kunsthandwerk

Möbel

Cressent, Charles (Frankreich) 1685—1768

Haupt Georg (Schweden) 1741—1784

Hoppenhaupt, Joh. Michael (Deutschland) 1709 bis nach 1755

Oeben, François (Frankreich) 1710/20—1763
Roentgen, Abraham (Frankreich) 1711—1793
Riesener, Jean-Henri (Deutschland) 1734—1806
van Risenburgh, Bernard (Holland) Mitte 18. Jahrh.
Spindler, Joh. Friedr. (Deutschland) 2. Hälfte 18. Jahrh.

Porzellan
Bustelli, Franz Anton (Schweiz) 1723—1763
Falconet, Etienne-Maurice (Frankreich) 1716—1791
Höroldt, Johann Gregor (Deutschland) 1696—1775
Kändler, Joh. Joachim (Deutschland) ca. 1706—1775
Melchior, Joh. Peter (Deutschland) 1742—1825

Innenausstattung
Caffièri, Jacques (Frankreich) 1678—1755
Effner, Joseph (Deutschland) 1687—1745
Feuchtmayr, Joh. Michael (Deutschland) 1709—1772
Meissonier, Juste-Aurèle (Frankreich) 1695—1750
Nahl, Joh. Aug. d. Ä. (Deutschland) 1710—1785
Oppenort, Gilles-Marie (Frankreich) 1672—1742
Zimmermann, Joh. Baptist (Deutschland) 1680—1758

»Prinz Charles-Philippe und seine Schwester« (1763) von Drouais, dem Repräsentanten des dekadenten Hofs. Die affektierten Kinder, geschminkt und gepudert, geben sich wie Erwachsene. Für das Auge war die Kleidung der Zeit charmant wie nie: Es knisterten die pastellenen Reifrock-Seiden mit Spitzen, Schleifchen und Bändern. Der Herr trug zur Kniehose den glockig geschnittenen farbigen Rock über Rüschenhemd und Weste, eine weiße Halsbinde, Zopfperücke auf dem Kopf. Damals kam auch das schöne Parforce-Rot auf: Die Dame trug es zur Jagd.

Schloß Sanssouci von v. Knobelsdorff, begonnen 1744, weitgehend nach Skizzen Friedrichs des Großen erbaut, preußisch sparsam in Raum und Repräsentation. Ein betontes Anti-Versailles, das in seiner Luftigkeit eher einem Gartenpavillon gleicht, als einer imponierenden Residenz.

Das sogenannte Falken-Haus in Würzburg, ganz schlicht in seinem ausgewogenen Aufriß, entzückend erst durch die Rokoko-Stuckierung.

Das Rathaus in Bamberg, malerisch auf der Flußgabelung erbaut, begnügt sich, was das Barock nie getan hätte, mit geringsten Ausmaßen (um 1745).

Die Wieskirche bei Steingaden von Dominikus Zimmermann, begonnen 1746. Über einem zum Oval vereinfachten Grundriß ein lichtdurchfluteter Raum in Rosa, Blau, Grün, Gold und weißem Muschelwerk.

Konzertzimmer in Sanssouci (Innendekoration von Johann Michael Hoppenhaupt). Die Wände wirken leicht wie Paravents.

Spiegelsaal der Amalienburg bei München, von François Cuvillié, begonnen 1734. Das Ornament überwuchert die Architektur.

»Harlekin und Colombine«, Nymphenburger Porzellangruppe von Franz Anton Bustelli, der das Thema der italienischen Komödie zum erstenmal in Mode brachte.

»Der Honigschlecker« aus der Rokokokirche Neu-Birnau am Bodensee, von J. A. Feuchtmayr (auch Faichtmayr), einem der führenden süddeutschen Bildhauer.

Eckkommode von J. Dupont mit Chinoiseriedekor und sehr zarten vergoldeten Bronzebeschlägen an den Kanten und Füßen. Deckplatte aus Marmor.

Bergère von Tilliard um 1750, ein Lieblingsmöbel des Rokoko, durch die verkürzten Armlehnen und die feine Zarge sehr beschwingt und elegant wirkend.

»Das Firmenschild des Kunsthändlers Gersaint« (Ausschnitt) von Watteau, 1720. Es hing wirklich eine Zeitlang als Firmenschild über Gersaints Laden. 1750 erwarb es Friedrich der Große für Sanssouci und hängte es in sein Konzertzimmer. Die Figuren zeigen noch die Tracht des Régence.

Doppelschreibtisch (um 1760) von B. v. Risenburgh. Das graziöse und vornehme Werk, über und über mit dem für Risenburgh typischen Blattdekor bedeckt, wurde für die Zwillingstöchter Ludwigs XV. geschaffen. Die Signatur »BVRB« wurde kürzlich als Risenburghs Zeichen erkannt.

»Die Rialto-Brücke« von Guardi, dem unermüdlichen Maler des rokokobeschwingten Venedig.

»Ruhendes Mädchen« (1752) von Boucher, Beispiel für das Rokoko-Ideal lasziver Kindlichkeit.

Das grosse Barockspektakel

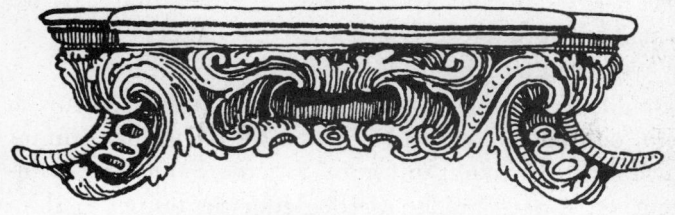

Wir werden, wenn wir jetzt zum Barock kommen, in ein fürchterliches Dilemma geraten. Die Epoche ist nur in unserer flüchtigen Vorstellung einheitlich, in Wahrheit sehr zerrissen. Ihren italienischen Erzvätern hatte so etwas wie S. Maria della Salute vorgeschwebt, und es wurde zum Schluß Schloß Schönbrunn daraus. Die Epoche ist von allen möglichen Stilerbschaften überdeckt und erst am Ende, wenn es schon rokokolich morgenrötet, einheitlich.

Um sagen zu können, wann das Barock zum erstenmal Barock genannt wurde, müßte man wissen, wann jemand (offenbar ein wichtiger Jemand) zum erstenmal auf jene Epoche geschimpft hat. Denn »barock« ist ein Schimpfwort. Es gehörte schon lange zum Vokabular der spanischen und portugiesischen Juweliere, die mit dem Worte barueco und barroco (»schief«, »krumm«) jene Perlen belegten, die entsprechend geraten waren. Später hat noch eine stattliche Reihe von großen Geistern auf das Barock geschimpft: Jacob Burckhardt fand es abscheulich bombastisch, für Winckelmann war es nicht zum Ansehen, und der italienische Kritiker Tommaseo schrieb 1845: »Dieser plumpe, komisch aufgeregte Stil hat nichts Antikes und nichts Modernes an sich.« Wenn jemand auf den verschrobenen Gedanken käme, auch heute noch das Barock in Bausch und Bogen so zu beurteilen, dann würden wir das wiederum einen »barok-

ken Einfall« nennen. Man sieht, es ist schon was dran: Das Wort hat einen Ruf wie Donnerhall und der Stil eigentlich auch noch.
Wie ist er nun? Ist er groß? Ist er klein?
Vor allem ist er lang. Das pflegt ein Zeichen dafür zu sein, daß er den Völkern gefallen hat. Aber das stimmt auch nicht. Er hängt mit ganz anderen Faktoren zusammen; er ist ganz präzise die Begleiterscheinung der absoluten Machthaber, der skurrilen Gottkönige, gipfelnd in Ludwig XIV. von Frankreich. *Ihre* Kulisse war er, *ihr* Claqueur. Er hatte auch das Placet der triumphierenden Kirche, deren Würdenträger den völlig gleichen Geist besaßen. Richelieu und Mazarin hätten jederzeit den Thron besteigen können, ohne sich groß umziehen zu müssen. Mazarin hat es ja quasi auch getan, als er, der Kardinal, heimlich die Königin-Witwe Anna heiratete und für das Kind Ludwig regierte. Dies alles zu wissen, ist nicht müßig; man begreift dann das Barock besser. Es war eine Zeit, in der das hochbegabte Bürgertum der Renaissance vermittels einiger Tricks und den Notzeiten der Gegenreformation wieder entmündigt wurde; eine Zeit, in der, bildlich gesprochen, das bürgerliche Schauspiel vom Spielplan abgesetzt und die Große Oper angesetzt wurde. Kein Zufall, daß die Oper tatsächlich im Barock geboren wurde (Monteverdi). Sie ist sogar eine seiner größten Leistungen und seine originalste. Sie stellt das pathetische Theater ohne innerliches Engagement dar und ohne Wirklichkeitsnähe — wie das Barock.
Das opernhafte Weltgefühl jener Epoche war ganz verschieden von dem Wertbewußtsein der vorangegangenen Zeit; es betete die »imposanten« Naturen an, die »großartigen«, und es ist bezeichnend, daß der Koloß Ludwig XIV. den schmächtigen, verwachsenen Prinzen Eugen als

Soldaten verächtlich abwies und nach Wien gehen ließ. Diese protzige Betonung der Körperlichkeit wiederholt sich im Material, und allein schon dies unterscheidet das Barock vom Rokoko so stark, daß es allzu vereinfacht wäre, beide Stile in einem Atem zu nennen, wie es oft geschieht.

Das Barock begann — so sagen die Italiener und meinen es beinahe ernst — am 20. Mai 1518. An jenem Tage übergab Tizian der Frari-Kirche in Venedig und damit der Weltöffentlichkeit seine »Mariä Himmelfahrt«. Tatsächlich, es ist das erste Gemälde, das barocken Geist atmet: Maria gleitet nicht mehr, sie wird auch nicht mehr wie früher von Engeln getragen, sondern sie rauscht ab nach oben. Es ist ein gewaltiger, theatralischer Abgang, flatternden Gewandes und großer Geste. Sehr schön, aber zum Glück nur die sprichwörtliche »erste Schwalbe«. Das Barock begann zwar im Süden am frühesten, aber auch in Italien nicht vor der letzten Hälfte des 16. Jahrhunderts. In Deutschland setzte es überhaupt erst mit vollen Akkorden ein, als der Dreißigjährige Krieg beendet, d. h. das bizarrste Barock schon überstanden war.

Nein, wenn es einen Vater des Barock gegeben hat, dann war es Michelangelo als Baumeister. Er war der erste, der z. B. die Pilaster aus der Hausfront herauslöste und durch Säulen ersetzte. Seine Kuppel des Petersdoms hat bereits barocken Charakter, ihre Zylinderbasis ist in lauter Doppelsäulen aufgelöst — Säulen in sechzig Meter Höhe! Hardouin-Mansard brauchte das später nur wörtlich zu übernehmen und der Invalidendom, Glanzstück des Pariser Barock, war fertig.

Ja, er war fertig — und hatte die ganze wilde Frühzeit des Barock übersprungen. Tatsächlich ist es das Ausland gewesen, das das Barock nach seinen italienischen »Flegeljahren« erst erzogen hat. So wunderschöne Bauten wie die Frauenkirche in Dresden (Bähr), Kloster Melk (Jakob Prandtauer), Schloß Schönbrunn (Fischer von Erlach) und Belvedere (v. Hildebrandt), lauter Glanzstücke, sind alles Werke der Spätzeit und haben das Wirre, Schwülstige, das den Italienern einst als Ästhetik vorschwebte, überwunden. Nordeuropa hat das Barock aus der Sackgasse der kurzlebigen Krausheit herausgeführt — gedacht war es einst ganz anders als Melk und Versailles.

Das Ur-Barock sollte man an San Carlo von Borromini in Rom oder in der Atlantengalerie des Palazzo Spada studieren, oder in Venedig an der Kirche San Moisé, die an der Grenze des Komischen steht, oder an Santa Maria della Salute! So malerisch, ja geradezu zauberhaft die Silhouette dieser berühmten Kirche von weitem ist, so schrecklich, so konfus und wirr ist das Bild von nahem. Da nützen die zwei Sterne im Baedecker gar nichts. Von den Dächern rollen Wagenräder von Voluten, auf denen Riesenfiguren Balance-Akte vorführen, zu ihren Füßen zappelnde Engel, Sockelchen, Wülste, Balustraden, Fialen, Giebel, korinthische Säulen auf 5 m hohen Postamenten — Hand aufs Herz und Courage: Das ist schauerlich.

Aber just das ist das Barock, wie es gemeint war: Vermeidung des klaren Aufrisses durch Verschachtelungen, wuchernde Plastik, grob ausladende Voluten und in die Lüfte versetzte Säulen — ein Wirbel von Schwüngen, Verbiegungen und Augentäuschungen. Die Front wird zur Theaterkulisse, die mit der architektonischen Gliederung im Innern nichts mehr zu tun hat, ja, hinter der man normale Räume nicht einmal mehr vermutet. Die Vergewaltigung bereitete (wie offenbar auf ihrem Urgebiet) Vergnügen. Bei dem berühmten Gartenarchitekten Lenôtre, der den imposanten, aber total unnatürlichen Garten von Versailles schuf, vermutet man in den verschnittenen grünen Gebilden kaum noch Gottes schlichte Pflanzen und Bäume.

Deutschland, Frankreich, England konnten innerlich damit nichts anfangen. Daß das Barock fast drei Generationen brauchte, ehe es überhaupt die Alpen überschritt, lag an dem Widerstand gegen diese Übertreibungen. Nordeuropa hat sofort getrennt, was nur exaltiert und was von bleibendem Wert sein könnte. Es hat, bei den Kirchenbauten zum Beispiel, die neue Idee respektiert, ein Kirchenschiff nicht mehr wie in der Gotik und Renaissance rechteckig anzulegen, sondern aus mehreren kreisrunden oder ovalen Räumen zusammenzusetzen, durch Pilaster und Säulen getrennt, so daß der Grundriß mancher Kirchen wie ein Molekülmodell unserer Physiker aussieht. Auch der schwere Prunk wurde als echtes Stilelement akzeptiert, die kannelierten Halbsäulen, die gewundenen Säulen, die nicht endenwollenden Kapitellkrönungen, die Kolossalstatuen, die täuschenden Wolken- und Strahlensoffitten, die Deckenmalereien, die Vergoldungen und die vielen Nischenaltäre, die die Barockkirchen zu einem Labyrinth der Andacht machen. Aber S. Maria della Salute findet man nicht. Die Fassaden sind frei von Tricks, frei von verwirrendem »Verhau« an Plastik und frei von Theaterdonner.

Im Profanbau haben die deutschen, französischen und vor allem englischen Architekten das italienische Barock sogar noch radikaler korrigiert. Versailles, als typisches Beispiel, zeigt eine Front, die in nichts mehr an die Frühzeit erinnert, und die Louvre-Kolonnade (1665) könnte geradezu Michelangelos nächstes Werk nach seinem Konservatorenpalast (1546) gewesen sein. Die Fronten sind zwar pompös, aber doch einigermaßen klar gegliedert (das Prager Palais Czernin hat sogar die Rustikaquadern der Renaissance) — und die Säulen, die natürlich eine Hauptrolle an der Fassade spielen, sind nicht labyrinthisch, sondern eher klassisch gesetzt. Schlüters Innenhof des Berliner Schlosses ähnelte (er existiert nicht mehr) stark dem Hof des Palazzo Farnese in Rom (von Sangallo und Michelangelo). Die betonte Waagrechte, die klare Säulenreihe (in der Höhe und am Portal) und der Halbpilaster, diese Elemente der Spätrenaissance

waren es, die in Nordeuropa niemals von dem wilden
Barock verdrängt werden konnten. Ganz besonders in
England war der von dem späten Michelangelo und von
Palladio erlernte klassizistische Geschmack aus den Bauten bis ins 19. Jahrhundert hinein nicht mehr wegzubekommen.

Und die Flamen haben überhaupt nie von ihrer Renaissance und den horizontal dicht durchfensterten Fronten
gelassen, sie haben unter Barock immer nur ein bißchen
ornamentale »Zügellosigkeit« verstanden.

Aber auf einem anderen Gebiet haben alle Länder die
barockesten Eskapaden mitgemacht: in der Kleidung. Im
Hochbarock verrät sie nichts mehr vom menschlichen
Knochenbau, nicht nur nicht bei den Männern (was man
verwinden kann), sondern auch nicht bei den Frauen.
Um die Mitte des 17. Jahrhunderts saßen auf den Köpfen beider Geschlechter große Federbusch-Schlapphüte
und auf den Schultern breite Spitzenkragen (in Spanien
und Holland vorzüglich Mühlsteinkrausen). Die Damen
trugen die Kleider lange Zeit über einer breiten »Vertugale« (Reif), ohne rechten Schick, ohne Pikanterie, ganz
unsinnlich. Was die Herren aus sich machten, war unbeschreiblich. Man hatte bunte, kurze Jacken mit geschlitzten Ärmeln an, Taftschärpen um die Taille, die direkt
unter der Achsel saß, farbige, weite, unter dem Knie zusammengebundene Hosen oder sogenannte »Rheingrafenhosen«, deren weiße Einsätze sich wie Lampenschirme über den Waden blähten. Fielen die »Rheingrafen«
weg, so bauschten und überschlugen sich dafür riesige
Stiefelschäfte.

Um 1700 näherte sich die Kleidung dem späteren Rokoko, war aber gröber und greller. Ein Dreispitz saß
jetzt auf der großen, lockigen Allonge-Perücke, die ein
Vermögen zu kosten pflegte, sofern man als ärmerer

Mann sich nicht des Schwanzes edler Rösser bediente. Abends sah man aus wie Charleys Tante im schlackernden Schlafrock, eine groteske Nachtmütze auf dem rasierten Kopf, die Perücke auf dem Stativ.

Man möchte es nicht für möglich halten, daß auch Descartes, Leibniz und Molière in solchen haute-couture-Modellen und unter wippenden Federhüten spazierengingen. Clownerie schützt offenbar nicht vor Geist; das läßt uns also für unsere Jugend noch hoffen.
Das Größte, was das Barock neben den Denkern und Musikern (Vivaldi, Bach, Händel!) hervorgebracht hat, ist die Fülle von genialen Malern. Die Niederlande sind vor Malerei geradezu explodiert. Es begann mit Rubens, van Dyck und Jordaens und endete um die Wende zum 18. Jahrhundert mit einer kaum übersehbaren Schar von Kleinmeistern, alle barockbeeinflußt, wenn auch sehr verschieden. Der Prototyp blieb Rubens. Eine andere Richtung schlug die Malerei in Frankreich ein, wo

Champaigne, Mignard, Le Brun, Rigaud höfische Größen waren, weit entfernt von der warmen Menschlichkeit und turbulenten Sinnenfreude eines Rubens. Dazwischen etwa die Italiener: Reni, Carracci, Cortona und die ernsteren Spanier Velasquez, Zurbaran, Murillo.
Eine neue Blüte erlebte das Fresko. Im Barock übernahm die Wand-, vor allem die Deckenmalerei zum erstenmal (seit dem alten Rom) die Aufgabe, die Illusion eines unbegrenzten Raumes, einer endlosen Höhe zu geben.
Abseits der Strömung, abseits des aufgeschäumten Meeres der Körper und Gesten, ja geradezu Türme gegen die barocke Brandung eine Reihe von genialen Einzelgängern: Rembrandt, Hals, Vermeer, Poussin.
In Deutschland, dem armen, verbrannten Deutschland, schäumte es nur im Wasserglas, und noch bescheidener und ruhiger waren die paar Malerfiguren, die drumherum standen. Johann Liss aus Holstein ist der einzige von internationaler Bedeutung (viel zu wenig bekannt). Echte Kinder der Zeit waren eigentlich nur der Österreicher Faistenberger und der furiose Ostpreuße Willmann, der so malte, wie Rubens gemalt haben würde, wenn ihm die Palette mit der nassen Seite nach unten auf die Erde gefallen wäre.
Die Plastik, heißgeliebt und den Baumeistern unentbehrlich wie eine siamesische Zwillingsschwester, hatte fette Pfründen. Alle Bildhauer scheinen nachts von der Laokoongruppe geträumt zu haben, um am Tage dann etwas Ähnliches zu »erstellen«. Meistens wird gerungen. Held mit Held. Oder Wüstling mit Dame. Bei Bernini, dem bedeutendsten Italiener, schultert Pluto gerade die Proserpina, und bei Giovanni da Bologna (gebürtiger Flame) macht sich ein Römer mit einer Sabinerin davon.

Schlimm wird es, wenn auf einem Gewirr von steinernen Wolken heilige Theresien und Cäcilien sich schmerzlich winden — ästhetische Verirrungen, die heute noch die Nischen vieler Kirchen füllen.
Weit zuchtvoller meißelte man in Frankreich, Holland, Österreich (Donner) und Deutschland (Permoser). Einsam über allen: Andreas Schlüter, eine Verrocchio-Gestalt des Barock.
Die imposanten Barockmenschen lebten, wie nicht anders zu erwarten, in imposanten Möbeln. »Barockschränke« sind ein populärer Begriff geworden. Zehn davon bevölkern fast jede Kunstauktion, acht bleiben unverkauft. Sie haben solche Ausmaße, daß sich der Besitzer einer modernen Wohnung entscheiden muß: entweder der Schrank oder ich im Zimmer. Sie haben häufig gewellte Fronten, oft sind sie von geraden oder gedrehten Säulen flankiert und mit stark vorspringenden Akanthusornamenten übersät. Elfenbein-eingelegte Kabinettschränke stehen auf hohen Beinen und treiben viele Spielchen mit Geheimschüben und Vexierfächern. Die Betten der Bürgerhäuser waren nicht selten in Nischen eingebaut, wie es die niederländischen Maler so oft dargestellt haben; in feudaleren Häusern waren es auch oft Himmelbetten mit reicher Stoffdrapierung, auf kräftigen Trägern — ein strapazierbares Hauptmöbel, man darf es glauben. Die Tische hatten gern gedrechselte Beine, zu denen schwere Teppichdecken oder Samte herunterhingen. Die Stühle blieben noch eine Zeitlang »altmodisch« geradlinig und grob, auf dem Sitz und im Querrücken häufig mit Leder bezogen. Erst in der Spätzeit bekommen die Sessel geschwungene Beine und Lehnen, unterscheiden sich aber vom Rokoko deutlich durch ihre Fülligkeit und Robustheit. Die ganze Barockeinrichtung lebte im Norden anfangs noch stark von Renaissance-Erinnerungen.

Gegen Ende des 17. Jahrhunderts wohnte der barocke Geist dann auch im letzten Salzfäßchen.

Frankreich nannte die Übergangszeit vom XIV. auf den XV. Ludwig »Régence«, und feine Leute tun das auch heute. Wir aber, nicht ganz so fein, wollen uns damit begnügen, das Bein des einen Ludwig vom Bein des anderen Ludwig unterscheiden zu können. Wo aber ein Stuhlbein Régence ist, das sehen auf den ersten Blick nur Leute, die mit verbundenen Augen auch einen Pommery von einem Mumm unterscheiden können.

Übrigens wurde auch der Sekt im Barock erfunden.

Wann?

Ende des 16. Jahrhunderts bis in die erste Hälfte des 18. Jahrhunderts.

Wo?

In ganz Europa, von Italien ausgehend. In Deutschland erst nach dem Dreißigjährigen Kriege.

Wie?

Das Barock ist anfangs ein schwülstiger, alles übertreibender Stil; in der Baukunst mit unübersichtlichen, zerrissen wirkenden Fronten, mit Säulen, gelegentlich sogar mehrstöckigen, mit Voluten und derbem, bewegtem Knorpelzierrat versehen und mit betont raumverschwenderischen Treppenhallen, deren Architektur wie Außenfronten wirkt. In der Malerei voll theatralischen Pomps in Frankreich und Italien oder von turbulenter, schwellender Körperlichkeit, vor allem in Flandern. Die Spätzeit einheitlicher in Europa, gezügelter und klarer; fließend in das Rokoko übergehend. In Deutschland stets gemäßigt, in England ständig von Klassik überlagert, in den Niederlanden von Renaissance (rasch verbürgerlicht).

Warum?

Die Spätphase der Renaissance, der sogenannte Manierismus, deutete schon die Weiterentwicklung zum Krausen und Theatralischen an. Der aufkommende Absolutismus in der Politik war dann der geeignete Nährboden für jenen sich über alte ästhetische Erfahrungen hinwegsetzenden Pomp. Mit der allmählichen Vergreisung des Absolutismus besänftigte sich auch das pathetische Temperament des Barock.

Was?

Das Barock brachte auf allen Gebieten der bildenden Kunst Typisches hervor: In Baukunst und Plastik (beide so eng verbunden wie später nie mehr), in Malerei und Kunsthandwerk.

Wer?

Baukunst

Asam, Cosmas Damian (Deutschland) 1686—1739
Asam, Egid Quirin (Deutschland) 1692—1750
Bähr, Georg (Deutschland) 1666—1738
Bernini, Giovanni (Italien) 1598—1680
Borromini, Francesco (Italien) 1599—1667
da Cortona, Pietro (Italien) 1596—1669
Dientzenhofer, Christoph (Deutschland) 1655—1722
Dientzenhofer, Johann (Deutschland) 1665—1726
Fischer, Johann Michael (Deutschland) 1691—1766
Fischer v. Erlach, Johann Bernh. (Österreich) 1656—1723
Guarini, Guarino (Italien) 1624—1683
Hardouin-Mansart, Jules (Frankreich) 1646—1708
v. Hildebrandt, Joh. Lukas (Österreich) 1668—1745
Juvara, Filippo (Italien) 1678—1736
Longhena, Baldassare (Italien) 1598—1682
Maderna, Carlo (Italien) 1556—1629
Neumann, Balthasar (Deutschland) 1687—1753
Pöppelmann, Matthäus Daniel (Deutschland) 1662—1736
Prandtauer, Jakob (Österreich) 1658—1726
Ribera, Pedro (Spanien) um 1680—1742
Schlüter, Andreas (Deutschland) 1664—1714
Zimmermann, Dominikus (Deutschland) 1685—1766
Zuccalli, Enrico (Schweiz) 1642—1724

Plastik

Algardi, Alessandro (Italien) 1602—1654

Bernini, Giov. Lorenzo (Italien) 1598—1680
Bologna, Giovanni da (Flandern) 1524—1608
Coysevox, Antoine (Frankreich) 1640—1720
Donner, Georg Raphael (Österreich) 1693—1741
Girardon, François (Frankreich) 1628—1715
Hernandez, Gregorio (Spanien) 1576—1636
Maderno, Stefano (Italien) um 1576—1636
Mandl, Michael Bernh. (Österreich) 1660—1711
Permoser, Balthasar (Deutschland) 1651—1732
Petel, Georg (Deutschland) um 1590—1633
Puget, Pierre (Frankreich) 1620—1694
Reichle, Hans (Deutschland) 1570—1642
Schlüter, Andreas (Deutschland) 1664—1714
Zürn, Jörg (Deutschland) um 1583—1635

Malerei

v. Beijeren, Abraham (Holland) um 1620 bis nach 1674
Caracci, Annibale (Italien) 1560—1609
Caravaggio, Michelangelo (Italien) 1573—1610
van Dyck, Anthonis (Flandern) 1599—1641
Hals, Frans (Niederlande) um 1580—1666
Jordaens, Jacob (Flandern) 1593—1678
Largillière, Nicolas (Frankreich) 1656—1746
Le Brun, Charles (Frankreich) 1619—1690
Liss, Johann (Deutschland) 1597—1629
Lorrain (Claude Gellée) (Frankreich) 1600—1682
Murillo, Bartolomé Estaban (Spanien) 1618—1682
Poussin, Nicolas (Frankreich) 1593—1665
Reni, Guido (Italien) 1575—1642
de Ribera, Jusepe (Spanien) 1591—1652
Rigaud, Hyacinthe (Frankreich) 1659—1743
Rubens, Peter Paul (Flandern) 1577—1640
Strozzi, Bernardo (Italien) 1581—1644
Tiepolo, Giov. Battista (Italien) 1696—1770

Velasquez, Diego (Spanien) 1599—1660
Willmann, Michael (Deutschland) 1630—1706
Zurbaran, Francisco de (Spanien) 1598—1664

Wand- und Deckenmalerei
Asam, Cosmas Damian (Deutschland) 1686—1739
Rottmayr, Joh. Mich. (Österreich) 1654—1730
Troger, Paul (Österreich) 1698—1762
Amigoni, Jacopo (Italien) 1675—1752

Kunsthandwerk
Möbel
Angermair, Christoph (Deutschland) 1. Hälfte 17. Jahrh.
Boulle, Charles André (Frankreich) 1642—1732
Brustolon, Andrea (Italien) 1662—1732
Cressent, Charles (Frankreich) 1685—1768
Funk, Matthäus (Schweiz) 1697—1783
Plitzner, Ferdinand (Deutschland) 1678—1724
Schnell, Martin (Deutschland) 1675—1740
Unteutsch, Friedrich (Deutschland) Mitte 17. Jahrh.

Elfenbeinarbeiten
Wickert, Andreas d. Ä. (Deutschland) 1600—1661

Goldschmiedearbeiten
Heckel, M. (Deutschland) nachweisbar bis 1726
Lang, J. G. (Deutschland) nachweisbar bis 1665
Mannlich, J. H. (Deutschland) 1660—1718

Innenausstattung
Bibiena, Giuseppe (Italien) 1696—1756
Lepautre, Jean (Frankreich) 1618—1682

»Rubens und Isebella Brant in der Geißblattlaube«, Rubens, *1610*. Theatralik und Aufwand kennzeichnen das Barock auch in der Kleidung. Herren und Damen lieben wallende Federhüte, tragen große Mühlsteinkrausen oder reiche Spitzenkragen, Pluderhosen verbrauchen fünf Meter Stoff, und die Roben der Damen noch mehr. Man kokettiert mit dem Degen und stämmigen Waden.

»Santa Maria della Salute«, Venedig, von Longhena, 1631 begonnen. Beispiel einer Kuppelkirche mit Triumphbogen-Portal und allen bizarren Einfällen des italienischen Barock.

Die Kirche «S. Carlo alle quattro Fontane» von Borromini, begonnen 1665, eingebaut in die Häuserfluchtlinie und die Straße dennoch fast sprengend durch den Pomp ihrer Fassade.

Das Weingartner Münster (1715) zeigt den stark mediterranen Einfluß im süddeutschen Barock. Die Deckenmalereien dieser Kirche begründeten Cosmas Damian Asams Ruhm.

Gartenfront der Würzburger Residenz (begonnen 1719) von Balthasar Neumann. Das Barock hat sich in unseren Breiten beruhigt und zur Klarheit gewandelt.

Spätbarocker Sessel (Italien), der in der Rocaille schon ein Anzeichen des Rokoko hat.

Süddeutscher Dielenschrank im sogenannten Knorpelstil (Mitte 17. Jahrhundert), 2,23 m hoch, Birnenholz, nuß-furniert.

Bett des 17. Jahrhunderts aus Mittelitalien. Schnitzereien vergoldet, Decke aus der Zeit. Kein Betthimmel, aber hohe Pfosten beibehalten.

Schreibtisch von Boulle, um 1700, alle Flächen sind mit Messing und Schildpatt eingelegt.

Das Palais Kinsky in Wien (1713) von Lukas v. Hildebrand unter dem starken Eindruck der Werke Fischer v. Erlachs erbaut. Es steht dem kommenden Rokoko schon recht nahe.

Die Bibliothek des Klosters Wiblingen bei Ulm, einer der schönsten Saalbauten des späten Barock. Raumillusionistische Deckenmalerei.

Treppenhaus des Berliner Schlosses (zerstört), Beispiel für das in die Innenarchitektur hineingetragene Prinzip der Außenfronten.

»Meleager und Atalanta« (um 1620) von Jacob Jordaens, der neben Rubens und van Dyck die lebensstrotzende, sinnenfreudige Barockmalerei der Flamen verkörperte.

»Hummer-Stilleben« (1653) von Abraham van Beijeren. Das überschäumende Lebensgefühl übertrug sich auch auf die Dinge des »stillen Lebens«. Höchste Blüte ab 1600.

»Waldlandschaft mit aufsteigendem Gewitter« (um 1650) von Jacob Ruysdael. Die Landschaftsmalerei war ein Lieblingskind des Barock, bestechend in Naturalismus und effektvollem Licht.

»Die heilige Theresa in Ekstase« (1646) von Bernini. Typisch für den hochtheatralischen italienischen Hauptmeister der Plastik.

»Der heilige Matthäus mit dem Engel« (1591) von Caravaggio, bahnbrechend für die Barockmalerei, besonders das Hell-dunkel.

»Ludwig XIV.« von Rigaud (1701), Beispiel des leeren Prunks, der sich am französischen Hof in der Malerei breitgemacht hatte.

Der große Kurfürst (1709) von Andreas Schlüter. Roß und Reiter erstmals in einem Stück gegossen. Eine große technische Leistung.

Renaissance — Zeit der Habichte und der Nachtigallen

Nichts peinlicher als eine Frau, die mit sechzig Jahren karierte Hosen und Lederhütchen trägt und in einen Porsche klettert. Doch — es gibt etwas Peinlicheres: Wenn diese Frau noch ein Kind bekommt.

Dieser medizinische Lapsus widerfuhr Ende des 16. Jahrhunderts der alten Renaissance. Das Kind haben wir eben kennengelernt, es ist das Barock. Als es noch in der Wiege lag, sah es die ganze Exaltiertheit seiner alten, ursprünglich ganz normalen Mutter an; es kannte nichts anderes als ihre Pose, ihre Übertreibung und ihre unglaubwürdig gewordene Forschheit. Kein Wunder, daß das Barock als junger Mann, vor allem in Italien, ein Schaumschläger war und erst sehr spät und nach Erziehung im Ausland gescheit wurde.

Alles wäre ganz anders geworden, wenn seine Mutter ihn mit Dreißig bekommen hätte. Aber die Renaissance wartete hundert Jahre lang vergeblich auf einen Erben. Sie wurde alt; zu alt, denn sie verstand die Kunst des Alterns mit Anstand nicht. Sie wurde im 16. Jahrhundert manieriert, sie begann zu mimen, sie wurde das, was die Kunstgeschichte heute die Epoche des »Manierismus«

nennt — eine lebenswütige, nicht immer geschmackvolle, allerdings immer noch interessante alte Dame.

Wie schön war sie in ihrer Jugend gewesen! Eine herbe, wilde Schönheit, eine Absage an die Demut und Frömmigkeit der Gotik, eine Absage an die Düsternis des Mittelalters. Sie durchhieb die komplizierte Gedankenwelt der Gotik wie einen gordischen Knoten. Sie heilte mit ihrer rustikalen Kerngesundheit die Menschen von der Leukämie der Spätgotik; sie kannte keine Angst vor dem Tode und keine Zimperlichkeit mit einem Menschenleben, sie lachte im Kreise von Condottieri ebenso wie von Kardinälen.

Es war kurz nach 1400, als in Italien, dem Geburtsland so vieler großer Bewegungen, die Menschen renaissancisch zu werden begannen. Den Zeitgenossen wird es ein langsamer Prozeß geschienen haben, rückblickend aber wirkt der Umbruch schroff wie ein Paukenschlag. Gentile da Fabriano scheint eines Montags noch sein spätgotisch-höfisches Goldgrundbild von der Anbetung der Könige gemalt zu haben, als am Dienstag Masaccio bereits seine Florentiner Mitmenschen in Alltagskleidern und Alltagsgesten auf seinen Brancacci-Fresken spazierengehen ließ — Johannesse und Petrusse, wie man sie täglich auf dem Ponte Vecchio sehen konnte. Nicht, daß er ihnen die Kleidung seiner Zeit gab, war das Neue und Unerhörte (das findet man schon bei Ambrogio Lorenzetti (gest. 1348) ebenso wie in den frühen französischen Stundenbüchern), sondern daß er die religiösen Themen nur als Gerüst für psychologische Darstellungen benutzte; Petrus war nicht mehr eine ikonographisch festgelegte unpersönliche Symbolgestalt, sondern ein aktueller Charakter, besser: Ein Charakterdarsteller. Denn das, was die Menschen damals am meisten faszinierte, war die Entdeckung des Individuums, die Entdeckung

der starken, im Weltlichen stehenden Persönlichkeit, deren Seele nicht mehr von der Kirche geduckt war. Lebenskraft und Lebenslust schossen sofort wie Flammen hoch. Man hieb sich auf die Brust und fühlte sich!
Natürlich hieben sich auch Räuberhauptleute auf die Brust; auch Päpste. Alexander VI. fand nichts dabei, einige Kinderchen zu haben, von denen er Césare gern als Herrn über Italien gesehen hätte — zum Glück vergifteten sich diese Gewaltmenschen rechtzeitig gegenseitig. Es ging also frühlingshaft turbulent zu.

Um die Mitte des 15. Jahrhunderts stabilisierten sich die Verhältnisse, das heißt auf deutsch, viele der Herren hatten es geschafft, wie zum Beispiel die Medici in Florenz und die Sforza in Mailand, und wünschten nun Ruhe. Die ehemaligen Condottieri und räuberischen Bankiers entwickelten zum Staunen aller einen unersättlichen Wissens- und Schönheitsdurst, eine erstaunliche Intelligenz und ein ebenso erstaunliches Mäzenatentum.

Es setzte eine bisher nie gekannte Blüte der Kunst ein. Allein in einer Stadt wie Florenz traten in ein, zwei Generationen so viele Genies, wirklich Genies erster Größe hervor, wie später in 500 Jahren nicht mehr. Für die Medici gab es in ihrer Anbetung des Schönen kein Wenn und Aber und keine Bedingung, der Mönch Fra Angelico, Schützling des alten Cosimo Medici, durfte in der Abgeschlossenheit des Klosters von San Marco malen, Andrea del Castagno, der ein Triumphbild schaffen sollte, konnte ihm statt dessen ein Wandbild von der Erhängung der Gefangenen abliefern, Michelangelo und Leonardo da Vinci konnten sich betragen wie sie wollten, sie brachten es nicht fertig, Lorenzo Medici zu erzürnen. Die Herren waren wirklich »Herren«.

Die ganze Renaissance ist ein herrenmäßiger Stil. Vor allem die frühen Bauten drücken es aus: Kein äußerer Protz, kein Blendwerk, kein Außenleben. Man darf nicht an die Landsitze denken, auch nicht immerzu an die Repräsentativbauten wie die Palazzi Riccardi und Strozzi, sondern an die Stadthäuser der guten Familien. Diese Häuser reihen sich gehorsam in die Fluchtlinie der Straßen ein, haben keine Sonderstellung, keinen Vorplatz, keine Vortreppen, keine vorgezogenen Portale, keine Abgrenzung; es gibt auch keine Balkons, und es gibt keine Türme mehr. Über rechteckigen, sehr simplen Grundrissen, die aber gewöhnlich einen wunderschönen Innenhof mit Freitreppen und Arkaden einschließen, erheben sich die Häuser zehn bis fünfzehn Meter hoch. Das Erdgeschoß hat keinen Wohncharakter, es ist in der Frühzeit in drei oder vier hohe Bogenportale gegliedert, von denen eines die Einfahrt (mit schwerem Tor) bildet, während die anderen, blind und mit eingesetzten vergitterten Fenstern, die Wagenremisen und Wirtschaftsgewölbe einschließen. Darauf sitzt ein »Mezzanino«, eine Halbetage mit quadratischen kleinen Guckfenstern, entstanden vielleicht einmal aus dem Wehrumgang in früheren Jahrhunderten. Dann folgen die (meist) zwei Wohnetagen, abgeschlossen von einem stark vorspringenden Dach, unter dem sehr oft — ein bißchen erhöht — noch eine offene Loggia liegt. Alle Stockwerke nüchtern horizontal gegliedert, erst etwas später erscheinen flache Pilaster, schüchtern angedeutete Senkrechte. Der untere Teil wurde gern zyklopisch und wehrhaft aus »Rustika«, den groben Buckelquadern, gebaut, der Mittelteil aus feineren Blöcken, das Obergeschoß aus glatten, polierten Steinen — Symbol der Zeit: die Straße war nie ganz geheuer.

Später, gegen 1500, veränderte sich vieles. Man war weichlicher geworden, und auch das Auge suchte Weicheres. Die Rustika verschwand, es kamen die Pilaster, dann die Säulen, dann die wulstigen Voluten. Das Portal rückte heraus, in die Front wurden hier und da schon Nischen eingebrochen, in die man eine Büste oder Statue stellte. Die Biforen gerieten in Vergessenheit und machten viereckigen, mit Simsen bekrönten Fenstern Platz, die Zimmerdecken wurden in Quadraten kassettiert; Vitruvs einst für Cäsar geschriebene »Architectura« wurde in der Annahme, man sei sehr römisch, neu herausgegeben und eifrig studiert; antike Elemente kamen herein, der Spätstil bahnte sich an. Michelangelos Konservatorenpalast (Rom) hat schon alle klassizistischen Züge, die später in dem berühmten Andrea Palladio (in Vicenza) ihren bombastischen Höhepunkt erreichten.

Bis zu diesem Augenblick, das muß man sich klarmachen, hatte die Renaissance noch keinen Schritt über die Grenzen Italiens hinaus getan! Die Frührenaissance haben Deutschland, Frankreich, England nicht erlebt, und das macht die Stellung von Städten wie Florenz oder Siena so einzigartig.

Die großen »alten« Baumeister waren Brunelleschi, Michelozzo, Giuliano da Maiano, Bramante, Rosselino und Alberti gewesen, die neuen Sterne waren nun Sangallo, Alessi, Sansovino, Vasari und vor allem Michelangelo. Doch gerade die klügsten unter ihnen wußten, daß das Neue nicht unbedingt das Bessere war; von Michelangelo stammt das Bekenntnis angesichts der florentinischen Domkuppel des alten Brunelleschi: »Ich werde ihre Schwester (in Rom) bauen, wohl größer, aber nicht schöner« (»... già piu gran ma non piu bella«). Heute noch, wenn wir vor seinen prächtigen Bauten stehen und dann vor die alten Kästen der Frühzeit treten, fühlen wir dasselbe: Das Reine war das Schönere, das Sparsamere ist das Erhabene.

Die Innenräume waren schon im 15. Jahrhundert recht wohnlich, zum Teil sogar gemütlicher und kultivierter als im Manierismus. Große Wandkamine heizten die Zimmer. An den Wänden hingen Gobelins, zwischendurch mal ein Bild. Die Möbel (meist aus Nußbaum, mitunter Eiche oder Kastanie) waren sparsam verteilt; ein langer schmaler Tisch mit bauchigen Backen, robuste gradlinige Stühle, leder- oder samtbezogen, ein oder zwei fast schmucklose Anrichten, eine Truhe, ein paar Scherenstühle und ein Lesestehpult waren oft alles, was im Hauptsaal stand. Es gab schon Essens-Aufzüge zum Speisezimmer!

Die Schlafzimmer (voller Bilder und Wandaltärchen) waren ausgemalt, häufig mit Seide ausgeschlagen, das Bett ein Pfostengestell oder direkt ein Himmelbett. Sessel, richtiger gesagt: Sesselstühle standen herum, eine Anrichte, bestimmt ein Wandtisch, auf ihm eine »Cassettina« für den Schmuck und das Geld. Vor allem aber: die Hochzeitstruhe. Mit ihr trieb man geradezu einen Kult. Es gab unbeschreiblich schöne Stücke darunter, geschnitzt und bemalt, und kein Manet oder Picasso der damaligen Zeit hat sich geniert, sie mit seinen Malereien zu schmücken. Wir haben sie von Ghirlandaio gefunden, von Botticelli, von Uccello, von fast allen Großen des 15. Jahrhunderts. Ganz besonders entzückend sind darauf die vielen Darstellungen des bunten Straßenlebens. Später verwandelte sich die Truhe in die bombastischere »Cassapanca«, Sitztruhen für Zweizentner-Herren, fatale Erinnerungen an römische Sarkophage.

Da das Wort Sarkophag fiel: In jener Epoche kamen die prunkvollen Grabdenkmäler und Grabkapellen auf (Medici-Kapelle von Michelangelo) zu Ehren der allerhöchsten Herrschaften. Zu Ehren des nur Höchsten jedoch war man finanziell zurückhaltender in der Erkenntnis, daß die alten Kirchen am besten überfüllt wirkten. Baute man jedoch neu, so blieb man bis zur Spätepoche bei dem althergebrachten Langhaus-Typ. Die schönste (und zugleich unwiderstehlich frühlingshafte) Fassade hat Brunelleschi der Kirche San Spirito in Florenz gegeben – unvergeßlich. In Deutschland findet man sehr schwer Beispiele: das klarste ist St. Michael in München, sehr italienisch.

Als die Renaissance nach Deutschland (und Frankreich und England) kam, befand sie sich in Italien schon fast im Manierismus. Ganz Nordeuropa, besonders aber wir, waren bis dahin in der Spätgotik geblieben (1550 baute man immer noch am Kölner Dom!). Die Städte sahen alle noch so aus wie hundert Jahre vorher, die Menschen fühlten noch so, kleideten sich noch so und malten noch »andächtig«. Kein größerer Gegensatz denkbar, als zwischen dem Nürnberg Dürers und dem Florenz Michelangelos!
Über die Malerei und über das Denken (Erasmus von Rotterdam, Reuchlin, Celtis, Melanchthon und Dürers Freund Pirckheimer) kam die Renaissance im 16. Jahrhundert schließlich auch zu uns. Kaum war sie da, wurde sie von der unverwüstlichen deutschen Gemütlichkeit gepackt und verwurstelt. Was daraus entstand, nennt sogar die Kunstgeschichte etwas ratlos »deutsche Renaissance«.

So ist »deutsche Renaissance« z. B. das Knochenhaueramtshaus in Hildesheim, ein mit einem gotischen Spitzdach versehenes, zu allem Schrecken der Historiker auch noch vorgekragtes Fachwerkhaus; ferner das Hoppenerhaus in Celle, ein riesig gemütlicher Pfefferkuchen, vor dem Michelangelo völlig ratlos gewesen wäre.

Kein Zweifel: Diese Häuser, damals »Neubauten«, bewohnten Renaissancemenschen, Menschen vom Geiste des Humanismus. Der Geist war willig, aber das Fleisch blieb gemütlich. In den Bürgerbauten blieb es beim Spitzdach, bei Holzbalken innen und Brüstungsbohlen außen, und Großmama wollte auf den Erker nicht verzichten.

Auf der Suche nach eindeutigen Renaissancebauten in Deutschland muß man schon gut zu Fuß sein. Das einstige Pellerhaus in Nürnberg hat wenigstens eine Art Rustika-Erdgeschoß und Rundbogenfenster und vertuscht das hohe Dach durch eine streng symmetrische Giebelfassade. Das Hexen-Bürgermeisterhaus in Lemgo ist ähnlich gebaut. Noch ein kleines Schrittchen weiter (Quadern, Simse, pilasterähnliche Senkrechten) geht das Rattenfängerhaus in Hameln, aber es ist gegen alle heiligen Renaissanceregeln asymmetrisch, es hat links eine zweistöckige »Utlucht« (Ausguck). Es hat auch zehnfach(!) unterteilte Fensterscheiben, kurzum, es sieht aus, wie ein senatorliches Buddenbrookhaus.

Das ist so ungefähr das Äußerste, was sich Deutschland an privater Renaissance geleistet hat. Dieses Rattenfängerhaus gibt übrigens einen guten Begriff von den Bauten, die gleichzeitig in den Niederlanden, in Belgien, Frankreich und England entstanden. Der Große Markt in Brüssel ist heute noch eingesäumt von solchen Häusern. Ihre Baumeister waren Floris de Vriendt, Lieven de Key, in Deutschland die Georg Beer, Elias Holl, Balthasar Kircher, Jacob Wolf d. Ä. Die Engländer nennen diese Epoche den Tudor- und den Elisabethian-style; Hampton Court und zahllose Colleges sind in jener Zeit entstanden.

Auch in Deutschland gibt es einige Feudalbauten: Der
Ott-Heinrichs-Flügel im Heidelberger Schloß ist renaissancisch, der »Schöne Hof« der Kulmbacher Plassenburg
(Caspar Vischer), Schloß Hartenfeld-Torgau (Conrad
Krebs), das Schloß in Liegnitz, die Residenz in Landshut.
Die Möbel ähnelten den italienischen, aber sie wirkten in den niedrigen »Stuben« ganz anders. Die Armstühle haben fast alle ein ornamentbedecktes Querbrett
zwischen den Vorderbeinen, Cassapanche waren so gut wie
unbekannt, die Betten ziviler, sofern man von dem total
blödsinnigen Monstrum absieht, das sich ein Scheurl-Enkel bauen ließ und das heute im Germanischen Museum steht und aussieht wie die Bucentaurus-Barke venezianischer Dogen.
Nun aber kommen wir zum Schönsten, was die Epoche
der Renaissance in Deutschland hervorgebracht hat: zur
Malerei.
Eine frühe, stolz-kühle Epoche, wie sie Italien in Botticelli, Piero della Francesca, Mantegna gehabt hat, haben wir nie erlebt. Nicht die Alpenpässe haben die
Befruchtung verhütet, sondern die langlebige Gotik.
Keuschheit ist eigentlich immer noch das beste Verhütungsmittel.

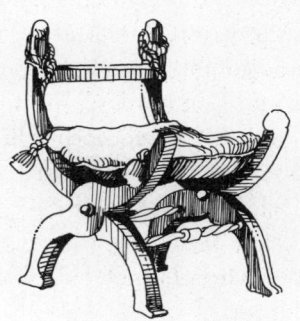

Als Dürer um die Jahrhundertwende in Venedig zum erstenmal mit der Renaissance in Berührung kam, war für die Italiener alles schon eine so »olle Kamelle«, daß man über Dürers Begeisterung lächelte.

Das Lächeln hat uns nichts geschadet; auch nicht, daß eigentlich nur zwei — Dürer und Holbein — mit den großen Renaissancemeistern Schritt gehalten haben; die anderen, Cranach, Altdorfer, Huber, Baldung-Grien schufen dafür etwas, wovon sich Italien nichts hat träumen lassen: die romantische Renaissance. Das ist eine Wortbildung, bei der die Italiener geschrien hätten; dennoch umschreibt sie das Entscheidende richtig: Das Erwachen der Naturliebe, die Geburt der Landschaftsmalerei (Altdorfer, Huber), die Todesmystik (Baldung) und die zu jeder Romantik wie eine Zwillingsschwester gehörende Ironie (Lukas Cranach; gar nicht zu sprechen von dem Schweizer Manuel Deutsch).

In dieser Epoche ist die deutsche Malerei einzigartig gewesen. Frankreich hat dem wenig entgegenzusetzen, England nichts, Holland nur einen gleichwertigen: Brueghel. Die anderen Niederländer und Flamen — große Maler zweifellos — schlossen die Augen, schalteten das Herz ab, knipsten den Verstand an und stürzten sich kopfüber in den italienischen Manierismus, hinein in die ausgeklügelt humanistischen, körperverwringenden Themen. Es fing mit Jan Mabuse an und gipfelte in den oft geradezu peinlichen, Michelangelo mißverstehenden Floris und Lombard.

Zu jener Zeit war der eben noch blühende Baum in Deutschland schon kahl und verdorrt. Dürer war 1528 gestorben, Altdorfer 1538, Baldung-Grien 1545, Cranach 1553.

Immer noch lebte Michelangelo! Er bastelte bereits an der Wiege des Barock.

Wann?

Etwa von 1400 (in Italien) bis 1600 (in England und den Niederlanden länger).

Wo?

In ganz Europa, am reinsten in Italien.

Wie?

Die Baukunst der Renaissance entwickelte sich aus den städtischen Wehrbauten der feudalen Familien. Die gotische Senkrechte weicht der beruhigenden Waagrechten. Das Untergeschoß bleibt anfangs noch klotzig (Rustika), die Obergeschosse bilden sich eleganter aus mit Biforen-Fenstern, Loggien, Simsen und Sgraffiti. Besonders schön die Innenhöfe mit Brunnen, Treppen, Säulen. Die Landvillen der späteren Zeit haben Freiteppen, oft niedrigere Flügelanbauten, Risaliten(vor- und zurückgesetzte Teile), lichtere Fronten, Loggien. Nach 1500 kommen klassizistische Elemente in die Palastbauten, Pilaster, Säulen, Nischen, vorgerückte Portale.

In der Plastik starker Realismus. Blütezeit der Bronzeplastik. Erste Aktdarstellungen. Monumentale Reiterstandbilder. Grabdenkmäler.

Die Maler erobern sich die Perspektive, den Farbrealismus und den psychologischen Ausdruck. Durch alle Themen zieht sich als höchstes Anliegen die Erfassung und Vergeistigung des menschlichen Körpers. In Deutschland kommt in der »Donauschule« ein merkwürdig romantischer Zug hinein (Entdeckung der reinen Landschaft). Im Manierismus entartet die Malerei durch Bewegungsübertreibung und Bildungsprotz.

Die Möbel sind schwer und massig. Hauptmöbel: Langtisch auf geschnitzten Wangen, quadratischer Tisch mit breiter Zarge und gespreizten oder kugeligen Beinen.

Pfosten- oder Himmelbett, Scherenstuhl und Faltstuhl, Armsessel (mit starren Beinen und Lehnen), der Kabinett-Schrank und die Truhe (Cassone), zu der man eine Liebe entwickelte, die sie zum Kunstwerk werden ließ (mit Malereien der größten Meister).

Warum?

Der Geist der Renaissance war der Protest gegen die Demutshaltung des gotischen Menschen und ihre mystisch unrealistische Weltanschauung. Gefördert wurde die Bewegung durch die politische Bestrebung in Italien, Herrschaften und Staatsgebilde zu schaffen in der vagen Hoffnung auf ein neues Imperium Romanum (Rinascimento = Renaissance = Wiedergeburt). Städteentfaltung überflügelte Kirchenmacht. Beginn der Geldwirtschaft. Bankiers als internationale Faktoren. Die Folge davon: vollständige Umkehr zur Diesseitigkeit (sogar der Kirchenfürsten) und zur Lebenskraft.

Was?

Die Renaissance hat auf allen Gebieten der bildenden Kunst Großes hervorgebracht.

Wer?

Baukunst
Alberti, Leone (Italien) 1404—1472
Bramante, Donato (Italien) 1444—1514
Brunelleschi, Filippo (Italien) 1377—1446
Delorme, Philibert (Frankreich) um 1512—1570
Floris, Cornelis (Niederlande) 1514—1575
Holl, Elias (Deutschland) 1573—1646
Krebs, Konrad (Deutschland) 1492—1540
Lescot, Pierre (Frankreich) um 1510—1578
Michelangelo (Buonarroti) (Italien) 1475—1564

Michelozzo (die Bartolommeo) (Italien) 1396—1472
Palladio, Andrea (Italien) 1508—1580
Sangallo, Antonio (Italien) 1455—1534
Sangallo, Giuliano (Italien) 1445—1516
Sansovino, Jacopo (Italien) 1486—1570
Vasari, Giorgio (Italien) 1511—1574
da Vignola, Giacomo Barozzi (Italien) 1507—1573
Vischer, Kaspar (Deutschland) gest. 1580
Wolf, Jacob der Ältere (Deutschland) um 1546—1612
Wolf, Jacob der Jüngere (Deutschland) um 1571—1620

Plastik
Cellini, Benvenuto (Italien) 1500—1571
Desiderio, da Settignano (Italien) 1428—1464
Donatello (Italien) 1386—1466
Gerhard, Hubert (Niederlande) um 1550—1620
Ghiberti, Lorenzo (Italien) 1378—1455
Goujon, Jean (Frankreich) um 1510—1568
Meit, Conrad (Deutschland) um 1485 bis nach 1544
Michelangelo (Buonarroti) (Italien) 1475—1564
Pilon, Germain (Frankreich) 1535—1590
della Robbia, Luca (Italien) 1399—1482
della Robbia, Andrea (Italien) 1435—1525
Verrocchio, Andrea (Italien) 1436—1488
Vischer, Peter der Jüngere (Deutschland) 1487—1528

Malerei
Altdorfer, Albrecht (Deutschland) um 1480—1538
Baldung-Grien, Hans (Deutschland) 1484/85—1545
Bellini, Giovanni (Italien) 1430—1516
Botticelli, Sandro (Italien) 1444/45—1510
Brueghel, Pieter der Ältere (Niederlande) 1520/25—1569
Clouet, Jean (Frankreich) 1485—1540
Cranach, Lucas (Deutschland) 1472—1553

Dürer, Albrecht (Deutschland) 1471—1528
Gossaert, Jan (gen. Mabuse) (Niederlande) um 1478—1536
Holbein, Hans d. Jüngere (Deutschland) 1497—1543
Leonardo, da Vinci (Italien) 1452—1519
Mantegna, Andrea (Italien) 1431—1506
Masaccio, Tommaso (Italien) 1401—1428
Michelangelo (Buonarroti) (Italien) 1475—1564
Piero della Francesca (Italien) 1416/20—1492
Raffael (Raffaello Santi) (Italien) 1483—1520
Tintoretto (Jacopo Robusti) (Italien) 1518—1594
Tizian (Tiziano Vecelli) (Italien) 1477—1576
Veronese (Paolo Caliari) (Italien) 1528—1588

Kunsthandwerk
Gold- und Bronzearbeiten
Cellini, Benvenuto (Italien) 1500—1571
Hagenauer, Friedrich (Deutschland) 1. Hälfte 16. Jahrh.
Jamnitzer, Wenzel (Deutschland) 1508—1585
Leoni, Leone (Italien) 1509—1590
Leopardi, Alessandro (Italien) gest. 1522
Riccio, Andrea (Italien) 1470—1532

Keramik
Andreoli, Giorgio (Italien) um 1465—1553
Palissy, Bernard (Frankreich) um 1510—1590

Tapisserie-Entwürfe
Aelst, Pieter (Niederlande) tätig 1. Viertel 16. Jahrh.

Möbelentwürfe
Vredeman de Vries, Paul (Niederlande) 1567 bis ca. 1630
Flötner, Peter (Schweiz) um 1490—1546

Vornehme Venezianerin, Aquarellskizze Albrecht Dürers von seiner ersten Italienreise und Berührung mit der Hochrenaissance, 1495. Man war sehr reich geworden, italienische Schiffe beherrschten den Handel, italienische Banken das Geld. Einfarbige Tuche und Wolle waren kaum noch zu sehen, man trug endlose Meter von Samt und kunstvoll gemusterter Seide, Importe aus dem Orient.

Nürnberger Patrizier, Federzeichnung von Albrecht Dürer. Der knöchellange Mantel und das knielange Wams blieben noch lang die offizielle Tracht. Dann kam die Neuheit auf, die Kleider, ja sogar die Schuhe zu schlitzen, um das farbige Futter hervorbauschen zu lassen. Militärs kreierten schon die Pluderhosen des künftigen Barock. Alles sehr bunt. Düster ging der Herr nur in Spanien.

Der Palazzo Pazzi in Florenz (um 1430) mit Biforen und Rustika. Der Palast im Hintergrund deutlich eine Generation später.

Das sogenannte Pellerhaus in Nürnberg, Muster deutscher Bürgerrenaissance; unausrottbar der Hang zum Malerischen und Intimen.

Konservatoren-Palast in Rom (begonnen 1546) von Michelangelo Buonarroti. Spätrenaissance mit klassizistischem Einschlag. Der Schritt zum Barock ist nur noch klein.

»David« (Bronze, ca. 1435) von Donatello. Nach der mit beständiger Sündenangst geladenen Atmosphäre des frühen Mittelalters muß diese heitere und sinnliche Verherrlichung des nackten Körpers die Menschen berauscht haben.

»Philipp der Gute«, überlebensgroße Bronze (erste Hälfte des 16. Jahrhunderts) vom Maximiliansgrab in Insbruck, an dem Vischer, Magt und Leinberger nach Themen und Ideen berühmter Humanisten arbeiteten.

Bronze-Pferd (mit Sockel 28 cm hoch), Oberitalien, 2. Hälfte 16. Jahrhundert. Die Kleinbronze war ein Lieblingskind der Renaissance.

»Der Frühling« von Botticelli (um 1477, Ausschnitt). Deutlich spürbar das neue antikische Lebensgefühl und zugleich ein Nachklang gotischer Empfindsamkeit (linke Figur).

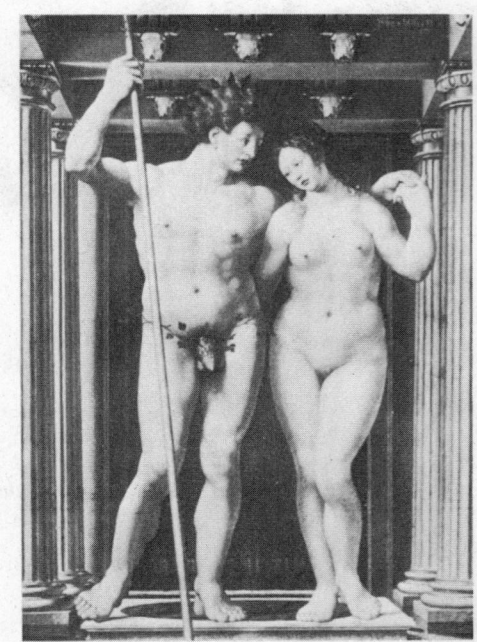

»Neptun und Amphitrite« von Jan Gossaert-Mabuse (1516). Typisch manieristisch: Überbewertung von gelehrtem Inhalt und unnatürlicher Plastizität, Preisgabe der Beseelung.

»Jane Seymour« von Hans Holbein d. J. (1536, Ausschnitt), Beispiel deutscher Porträtkunst von geradezu urkundlicher Nüchternheit.

Bildnis (angeblich der Kaufmann Imhoff) von Albrecht Dürer (1521). An solchen echt renaissancehaften Charakteren entzündete sich Dürers Kunst besonders schön.

Lehnstuhl, Italien um 1500. Typisch die geraden Rücken- und Armlehnen und der Bezug mit Samt oder farbig gepreßtem Leder.

Italienische Cassone (um 1500), farbig mit vergoldeten Reliefierungen. Die vier auffallenden Pilaster findet man auch bei norddeutschen Truhen gegen Ende des 16. Jahrhunderts.

Nürnberger Schrank der Familie Holzschuher von Flötner (1541). Renaissancisch Dekor, Gesims und Bodenabschluß. Spätgotisch noch der starre Kasten-Umriß und die Feldaufteilung.

Langer Tisch, toskanisch, Anfang 16. Jahrhundert. Nur Studio- und Sakristeitische waren mit Schubladen ausgestattet.

Vornehmes und hochkomfortables Damenschlafzimmer der Florentiner Frührenaissance aus dem Palazzo Davanzati, einem wuchtigen vorrenaissancischen Stadthaus. Zu jedem Schlafraum gehörte, durch eine schmale Tür verbunden, eine Toilette.

Unsere grosse Liebe — die Gotik

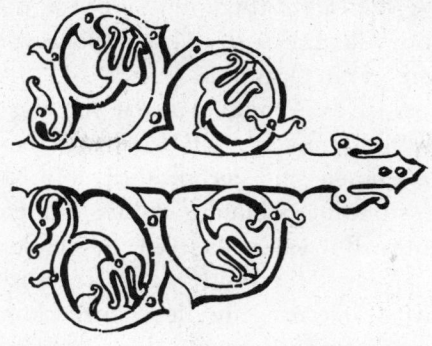

Es gibt einige Stile, mit denen sich traumwandlerisch ein Bild verbindet. Wenn man jemand aus dem Schlafe wecken und ihm das Wort »Rokoko« zurufen würde, so stünde vor seinem geistigen Auge wahrscheinlich sofort das Bild eines krummbeinigen, seidenbezogenen Sesselchens auf. Bei einem Preußen säße noch der Alte Fritz drin.
Noch viel eindeutiger ist das Beispiel der Gotik. Bei diesem Stichwort sehen vermutlich alle Deutschen den Kölner Dom. Bravo.
Fatal ist an diesem Bilde nur, daß wenige an das Kirchenschiff, alle dagegen an die filigranen Türme gedacht hätten, und die stammen aus dem 19. Jahrhundert.
Seit sich die Türme erheben, erhebt sich noch etwas anderes, nämlich die Frage, ob wir recht daran getan haben. Wir haben nämlich nicht nur die Kölner nachgebaut, sondern auch die Ulmer. Da liegt also Methode drin. Die Franzosen leben heute noch zufrieden mit den unvollendeten Turmstümpfen von Paris Notre Dame, Rouen und Amiens. Nicht so die Deutschen.
Der Grund ist so einfach, daß er fast unglaubwürdig

klingt: Die Gotik ist seit dem vorigen Jahrhundert die große Liebe der Deutschen, und unsere große Liebe darf nicht unvollkommen sein. Das dulden wir nicht. So etwas bringen wir in Ordnung.

Zweifellos, so ist es. Wir haben uns von der Gotik ein ungetrübtes Bild gemacht: Alle Kirchen haben filigrane Türme, alle Frauen sind zerbrechlich, alle Männer haben hochbestrumpfte schlanke Beine, die ganze Welt blättert hinter Butzenscheiben in alten Pergamenten und Livres d'heures, im Winter liegt stets dicker Schnee auf den spitzen Dächern, und den ganzen Sommer über blühen tausendjährige Rosen an den Stadttoren; Doktor Faustus geht grübelnd durch die mondbeschienenen Gassen, und Heilige leben noch leibhaftig unter den sanftäugigen Nonnen.

Das ist alles wahr. Aber es ist auch wahr, daß die Gotik ein blutrünstiges Zeitalter war. Fehden verwüsteten die Felder, Kriege die Städte; die Pest ging um und entvölkerte ganze Landstriche. Die Inquisition wurde der Schrecken der Menschen, hunderttausende von Unschuldigen, Greise, Väter, Mütter, Kinder starben für den Hexenwahn auf dem Scheiterhaufen. Im Volk brodelte dumpfer Aberglaube, im Klerus lauerte der perverse Fanatismus: Es war eine schreckliche Zeit.

Es war eine wunderbare Zeit: Die Malerei erreichte eine Verinnerlichung, eine Reinheit, eine Kostbarkeit, wie nie mehr danach. Die Bauplastik kam zu höchster Blüte: An der Kathedrale von Reims sind 8000 Figuren verbaut! Zugleich gelang ihr der befreiende Schritt zur Vollplastik und zum selbständigen Kunstwerk. Die großen Meister, die sie aus der ausschließlichen Dienstbarkeit der Architekten befreiten, waren Sluter, Peter Parler, Gerhaert von Leyden, Syrlin, Multscher, Riemenschneider. Sie erlösten sie aus der Starre und dem Statischen und machte sie grazil, innig, intim, oft geradezu heiterironisch.

Kleinplastik begegnete einem auf Schritt und Tritt: Kirchenbänke bekamen skurrile Schnitzereien als Bankabschluß oder Pultkrönung, Wasserspeier wurden zu Märchen- und Spukgestalten. Die Andachtsbücher und Kalendarien wurden mit kostbaren Miniaturen geschmückt. Die kühlen romanischen Hallen und Kemenaten verwandelten sich in »Stuben«, anheimelnd, bürgerlich, nestwarm. Sie füllten sich mit Bildern, Hausaltärchen, Büchern, Bronzegeräten, Statuetten. Alle Arbeit trug den Stempel der Andacht vor dem Werk.

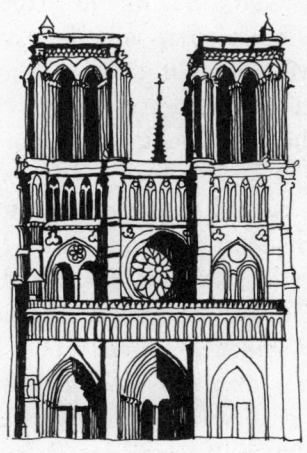

Die Andacht, im religiösen wie im profanen Sinne, war die Wurzel der gotischen Kunst. Die Maler und Bildhauer schufen alle ihre Werke »zu Ehren« (von irgend etwas, Gott, Herzog, Minne); von daher beziehen sie das Leuchten der Verinnerlichung. Die Demut ist es, die sie grundsätzlich von der Renaissance unterscheidet.

Den Anstoß zur Gotik hatte eine geistige Bewegung gegeben, die vom Kloster Cluny aus als eine Welle von

Glaubensinbrunst und Bekenntnisjubel über das 11. und 12. Jahrhundert hinwegging. Das Rittertum der Spätromanik war sehr weltlich gewesen, man hatte den christlichen Glauben als eine Art Ehrendienst getragen. Die Cluniazenser entfachten im ganzen nördlichen Abendland einen neuen Geist. Dieser Geist wollte sich neue Häuser bauen, Häuser, die sein Zum-Himmel-Streben versinnbildlichten; die (wie er selbst) ein fragiles Gedankengebäude waren, ein lichtdurchbrochenes Tabernakel.

Nie zuvor und nie mehr danach hat ein Baustil einen so radikalen Strich unter die gesamte Vergangenheit gezogen, wie die Gotik. Solange das Abendland zurückdenken konnte, hatte man von dem Formgefühl der Breite und der Masse gelebt, die Gotik hatte zum erstenmal die Vision des Konträren: Eines Skelettbaus, dessen Türme wie geschnitzte Obelisken in den Himmel stoßen sollten.

Es war also die Baukunst, die die Gotik einleitete. Das geschah noch vor 1200 in Frankreich (Isle de France), gleich darauf in Deutschland und England. Innerhalb eines einzigen Menschenalters stand die Gotik da, es muß wie ein Wunder gewesen sein. Die Namen der ersten Baumeister sind verschollen (Zisterzienser- und Dominikanermönche waren in Deutschland die Träger des neuen Stils), die Namen der Erbauer der großen Kathedralen des 13. und 14. Jahrhunderts sind wenigstens zu einem Teil noch überliefert, undeutlich im Dunkel der Vergangenheit erkennbare Gestalten wie Pierre de Montereau (Saint Denis), Erwin von Steinbach (Straßburger Münster), Wilhelm von Sens (der auch Canterbury schuf), Jean Deschamps (der in Südfrankreich mindestens 5 Dome, darunter Clermont, Limoges und Toulouse erbaute), Meister Gerhard (Köln) und der immer noch geheimnisumwitterte Albertus Magnus, Graf von Bollstädt.

Die gotischen Kirchen (und sie sind die Hauptzeugen der Gotik) sind jetzt oft auf einem betont kreuzförmigen Grundriß erbaut, dreischiffig (durch zwei himmelhohe Säulenreihen geteilt) und meist auch dreichörig, das heißt also, die Seitenschiffe überqueren das Querschiff und enden in Chorausbauten mit Apsis. Ein oder zwei filigrane Türme stehen stets über dem Westportal.

Fünf Dinge machen die gotische Baukunst aus: Vertikal-Tendenz, Spitzbögen, Maßwerk, Kreuzrippengewölbe (wobei der Ton auf Rippen liegt) und Strebepfeiler.

Solche Faustregeln sind schön, aber es ist meist hundert zu eins zu wetten, daß man bei der ersten Probe bereits hereinfällt. Und tatsächlich, verehrter Leser, kommen Sie nach Soissons, Senlis oder Lâon, so finden Sie nicht den Deut von Strebepfeiler. Auch Notre Dame hatte sie ursprünglich nicht, keiner der frühen Dome; was ver-

deutlicht, daß sie bei den damals noch niedrigeren Kirchenschiffen (25 m) nicht nötig waren. Hundert Jahre später türmte man das Langschiff aber bis zu 50 m hoch (worauf die Kathedrale von Beauvais auch prompt zusammenstürzte), und die Wände, durch die vielen hohen Fenster schon fast nicht mehr wie Mauern wirkend, brauchten nun diese Außenstützen. Man brachte sie also nicht aus Schönheitsgründen an, sondern der Not gehorchend. Wir haben uns angewöhnt, diese außen an den Längsmauern hochgezogenen Pfeiler, die oft über den Dachansatz hinausragen, herrlich zu finden — sind sie es? Haben auch die Zeitgenossen sie herrlich gefunden? Oder wäre es ihr Traum gewesen, ohne sie auskommen zu können? Haben die Menschen damals das Ganze schon als geschlossenes Bild empfunden, oder haben sie die Notlösung noch gesehen? Keine müßige Frage! Wer weiß, wie viel und wie wenig überhaupt Zeitgenossen sehen. Und wie viel und was sehen die Nachfahren? Ist *das* die Wahrheit?
Gegen Ende wurde die gotische Baukunst immer verspielter; das hervorstechendste Beispiel sind die riesigen, wie Sonnenprotuberanzen züngelnden Fensterrosetten. Besonders England verfiel dem Zauber dieses Flamboyant-Stils.
Der Siegeszug der Gotik ging durch ganz Europa — ausgenommen Italien. Nun könnte man, indem man an die Dome von Florenz und Siena denkt, sagen: Italien hatte eine »andere« Gotik. Natürlich, das kann man sagen. Gescheiter aber ist es zu sagen, daß die Italiener nicht die blasseste Ahnung vom Wesen der Gotik hatten, die sie im übrigen ja auch als barbarisch-deutsch verachteten. Vielleicht gab es allein schon vom rein Technischen her ein Hindernis, nämlich den Marmor, ihre große Liebe, die sie um nichts geopfert hätten.

»Andere« Gotik gab es durchaus. Preußen hatte sie. Ja, ich bin glücklich, Ihnen sagen zu können, daß die Preußen sogar zu einer Zeit, als es sie noch gar nicht gab, uns nicht enttäuschten, sondern eine aufreizende Extrawurst brieten und die herbe, wehrhafte »Backsteingotik« erfanden. Man erkennt sie nicht nur an den roten Ziegelsteinen, sondern vor allem daran, daß sie so aussieht, als hätte sich die Romanik gotisch verkleidet.

Nein, »gotisch« in unserem Sinne sind die italienischen Palazzi weiß Gott nicht; sie haben modische gotische Stilelemente, das ist alles. Der Mailänder Dom dagegen, der ist wirklich und einwandfrei gotisch. Nicht nur das, er ist auch von einmaliger Öde. Sogar die Erbauer scheinen das empfunden zu haben: 1570 waren sie gerade so weit, daß sie das Portal in Angriff nehmen konnten. Der Angreifer war der Barockbaumeister Tibaldi, der die Front dann auch prompt barock anlegte. Einen Turm hat der Dom nicht.

Das 15. Jahrhundert hat viele schöne Profanbauten hervorgebracht, Rathäuser, Hospitäler, Gerichtshallen, Schlösser. Ungewöhnlich früh (und schön) ist das alte Rathaus von Braunschweig (1250 begonnen). Von Pri-

vathäusern, die in den engen Straßenzügen allzu vielen Gefahren der Zerstörung ausgesetzt waren, ist wenig erhalten. Aber die späten Fachwerkbauten, besonders in der Harzgegend, geben einen Begriff davon, wie die kleinen Städtchen einst aussahen, in denen die Menschen lebten, die uns durch tausende von Bildern so vertraut sind.

Diese Bilder — heute kostbarste Schätze unserer Museen — haben damals eine nicht weniger revolutionäre Rolle gespielt als die Bauten. Zum erstenmal entdeckten die Maler die ungeheure Kraft der realistischen Illusion und sagten sich von der erstarrten Symbol-Malerei los. Die Möglichkeit und Macht der Perspektive ging ihnen auf, und die neu erfundene Ölmalerei setzte nun ihren Farbvisionen und der Leuchtkraft keine Grenzen mehr. Die großen Flügelaltäre kamen auf! Ihre Pracht, ihre Wirklichkeitsnähe und die Dramatik ihrer Themen waren eine ganz neue Faszination für die Gläubigen. Das kündigte sich, suchend und ringend, zuerst in Italien in Duccio und den Lorenzettis an und dann im Norden in der Böhmischen Schule des frühen 14. Jahrhunderts. Hundert Jahre später war in Jan van Eyck, Rogier van der Weyden, Dirk Bouts, Fouquet, Witz, Lochner und Schongauer der Höhepunkt erreicht. Am Ende dieser langen Perlenkette steht der ekstatische Mathias Grünewald (eigtl. Gothardt-Nithardt) mit seinem Isenheimer Altar, dem vielleicht bedeutendsten Altarwerk der Welt. (Zu dieser Zeit befand Italien sich schon in der Hochrenaissance.)

Aber die gotischen Bilder erzählen noch von einem anderen, geheimnisvollen Vorgang. Wir müssen uns einmal vergegenwärtigen, was da passierte: Die Menschen hatten bis dahin in der romanischen Welt gelebt, in einem Zuhause, das ziemlich kühl und herb war. Vier nackte Wände um sich herum (sofern man ein einfacher Bürger war) und der Blick durchs Fenster als einziges »Bild«. Nun geschah es, daß man zunächst einmal an Stelle des bisherigen Kreuzes in der Ecke des Zimmers ein frommes Bild aufhängte. Man leistete sich also das, was man seit neuestem über den Altären in den Kirchen sah. Dann aber kam der erste gotische Mensch auf den Gedanken, sich nicht zum Zweck des Betens, sondern »nur so« etwas auf eine Holztafel malen zu lassen, z. B. Petri Fischzug, Einsiedler in der Landschaft oder einen Kopf; aus keinem anderen Grunde, als dieses Seh-Erlebnis für sich parat zu haben, um es um sich zu haben, zu sich in die Stube zu nehmen. Er kastelte das Brett wiederum in schmale Bretter ein (wir nennen es rahmen), ergriff einen Nagel, schlug ihn in die schöne, bisher so klare, unverletzte Wand und hängte diesen Bildkäfig daran auf. Wir müssen das gewohnte Vokabular einmal vergessen und uns derart klarmachen, was für ein Einfall, was für eine ganz neue Sehnsucht das war!

Mit dem Zeitraffer von heute gesehen, füllten sich nun plötzlich die Wände mit den eingerahmten Seh-Sehnsüchten und Augenweiden. Wie unwiderstehlich muß die Bildsehnsucht, die Betrachterlust die gotischen Menschen gepackt haben! Auch die damals aufkommenden »Stundenbücher« erzählen dasselbe; dasselbe bezeugen die hochmalerischen, bildreichen, tausend Dinge erzählenden Tapisserien (ihre Glanzzeit!), und dasselbe bezeugen die gotischen »Glasmalereien« der Fenster und Rosetten, in Wahrheit gar keine Malereien, sondern Glasmosaiken, die kein Bild ersetzen sollten, sondern ein anderes, eigentlich auch ganz »verrücktes« Ziel hatten: Die Sonnenstrahlen zu färben und in den Kirchenschiffen ein Feuerwerk zu entfesseln. Anders kann man es nicht nennen, wenn man einmal erlebt hat, wie an einem Morgen das ganze Langhaus von Chartres von tausend glühendroten, blauen, gelben, grünen Strahlen durchschossen und verzaubert ist. Welch eine Idee! Mit diesen gotischen Augen konnte Grünewald sein Isenheimer Auferstehungsbild malen!

Aus der frühen Zeit, die ja heute schon 600 Jahre zurückliegt, hat sich an Hausrat und Möbeln wenig erhalten; etwas mehr aus dem 15. Jahrhundert. Das Mobiliar ist einfach in der Form: Sitzbänke, oft zugleich Truhenkästen mit Kissen belegt, Hocker auf Wangen, viereckige Kastentische auf kantigen, geraden Beinen, Truhen, reich in Maßwerk geschnitzt, Bretter-Regale in Nischen, schön gehämmerte Waschwasser-Becken und Handtuchhalter (!) in Schlaf- und Eßzimmern, mehrtürige Anrichten, konvexe kleine Rundspiegel, prachtvolle vielarmige Bronzeleuchter. Mitunter erscheinen auf Gemälden auch dreieckige Schemel und sechseckige Tischchen. Je weiter die Zeit fortschritt, desto verbreiteter wurden Schränke, immer reich geschnitzt, oft in eine Wand eingelassen, die selbst schon getäfelt war. Himmelbetten, schlicht in der Form, aber mit Schnitzwerk und am Kopfende mit schön gewirktem Behang verziert, standen in den Schlafzimmern, wenn auch bestimmt nie so imposant, luftig und gesund, wie sie die Maler ihren Bildern von der Geburt oder Tod Mariens beigaben. Im Gegenteil, zu Hause war alles sehr eng.

Aber das Enge ist intim. Die Deutschen haben seitdem von ihrer Liebe zum Intimen, Heimischen, Gemütlichen nicht mehr gelassen. Sie haben das Gotische noch weit in die Zeit der Renaissance hineingetragen, deren »offenes« Leben, das Leben in Sälen und auf der »piazza« sie niemals lieben gelernt haben.

Wann?

Nach tastenden Versuchen um 1150 (Isle de France), Beginn ca. 1200; bis um 1500.

Wo?

Überall in Europa, sehr schwach in Italien.

Wie?

In der Baukunst entwickelt sich ein extremes Vertikalstreben. Wandflächen reduzieren sich durch riesig hohe Fensterdurchbrüche (mit filigranem Maßwerk). Gewölbe werden zu zarten Kreuzrippengewölben, Pfeiler oft in scheinbare Rippenbündel schließlich fast ohne Kapitell und Kämpfer verwandelt. Fenster und Türabschlüsse erhalten Spitzbögen. Das Hauptschiff wird bis zu 50 Meter hoch. Krypta fällt weg, dafür trennt jetzt ein Lettner Chor und Langhaus. Außenstrebepfeiler stützen mit weiten Bögen die Hochwände. Lichterspiel durch farbige Fenster und flammende Rosetten. Im Profanbau die gleichen Vertikalprinzipien und das gleiche Durchbrechen der Fronten mit Fenstern.

Die Plastik, hochgeachtet, wird zur Vollplastik, sehr zahlreich verbaut, aber nicht mehr sklavisch vom Bau abhängig. Geschwungene (oft S-förmige) Linie der Körper, Ausdruck sehr verinnerlicht oder, bei Stiftergestalten, hoheitsvoll. Im 15. Jahrhundert die großen Flügel- und Schnitzaltäre.

In der Malerei tritt, seit der Erfindung der Öltechnik und infolge des Schrumpfens der Mauerflächen, das Fresko sehr zurück. Das Tafelbild setzt sich durch, in der Kirche im neuartigen Flügelaltar, in den Häusern im Andachtsbild und Porträt. Höchste Blüte der Buch- und der Glasmalerei.

Möbel: Der unbeholfene romanische Schrank wird vielseitiger, breiter, Eisenbeschläge gehen zurück, Maßwerkverzierung kommt; oft viertürig (zweigeschossig), im niederländischen Raum und England schon Stollenschränke. Reiches Falt- und Maßwerk auch an Truhen. Tische vorwiegend geschnitzte Kastentische. Stühle in Scherenform oder als steife Armsessel. Betten mit (meist geschwungenen) Holzbaldachinen.

Warum?

Vom Kloster Cluny ging im 11. Jahrhundert eine religiöse Bewegung aus, die allmählich im Abendland eine starke Verinnerlichung, inbrünstige, demütige Gläubigkeit und strenge Observanz bewirkte. An ihr und an der um 1300 einsetzenden Mystik zerbrach etwas von dem alten ritterlichen Trotz. Der neue Geist wünschte Gott auch neue Häuser zu bauen, die im gewollten Gegensatz zur irdischen Massigkeit der selbstbewußten Romanik jetzt als Salut gen Himmel steigen sollten. Mathematisch-statische Erkenntnisse ermöglichten es. Die Erfindung der Ölmalerei eröffnete auch den Malern ungeahnte Möglichkeiten. Die Gotiker waren Augenmenschen geworden.

Was?

Die Gotik hat auf allen Gebieten der bildenden Kunst Eigenes geschaffen, am sichtbarsten und ausgeprägtesten in den Domen und in den Tafelbildern.

Wer?
Baukunst
Arnolfo di Cambio (Italien) um 1250—1302 (?)
Böblinger, Hans (Deutschland) gest. 1482
Deschamps, Jean (Frankreich) 13. Jahrh.

Erwin von Steinbach (Deutschland) gest. 1318
Maitani, Lorenzo (Italien) um 1275—1330
Meister Gerhard von Rile (Deutschland) gest. 1295
Parler, Vater und Söhne (Deutschland) 14. Jahrh.
Pisano, Andrea (Italien) um 1290—1348
Pierre de Montereau, um 1200—1266
Stethaimer, Hans (Deutschland) um 1350—1432
Ulrich von Ensingen (Deutschland) um 1359—1419
Villard de Honnecourt (Frankreich) 1. Hälfte 13. Jahrh.
Wilhelm v. Sens (Frankreich) 12. Jahrh.

Plastik
Gerhaert, Niklaus (Niederlande) gest. 1473
Krafft, Adam (Deutschland) 1455/60—1508/09
Leinberger, Hans (Deutschland) 1470—1530
Multscher, Hans (Deutschland) um 1400—1467
Notke, Bernt (Deutschland) um 1440—1509
Pacher, Michael (Österreich) um 1435—1498
Parler, Peter (Deutschland) um 1330—1399
Pisano, Giovanni (Italien) um 1250 bis um 1314
Pisano, Niccolò (Italien) um 1225—1278
Riemenschneider, Tilman (Deutschland) um 1460—1531
Sluter, Claus (Niederlande) gest. 1405/06
Stoß, Veit (Deutschland) um 1440—1533
Syrlin, Jörg (Deutschland) um 1425—1491
Tino da Camaino (Italien) um 1285—1337

Malerei
Bassa, Ferrer (Spanien) 1290—1348
Bouts, Dirk (Niederlande) um 1420—1475
Campin, Robert (Meister von Flémalle) (Niederlande)
gest. 1440
Duccio di Buoninsegna (Italien) um 1255—1319
van Eyck, Jan und Hubert (Niederlande)
1370/90—1426/41

Fouquet, Jean (Frankreich) um 1420 bis um 1481
Froment, Nicolas (Frankreich) tätig um 1450—1490
Giotto di Bondone (Italien) um 1266—1337
v. d. Goes, Hugo (Niederlande) um 1440—1482
Gonçalves, Nuño (Portugal) tätig um 1450—1471
Limburg, Paul, Jan, Hermann (Frankreich) Anfang 15. Jahrh.
Lochner, Stephan (Deutschland) bis 1451
Lorenzetti, Pietro und Ambrogio (Italien) um 1280—1348
Martini, Simone (Italien) 1284—1344
Meister, Bertram (Deutschland) um 1345—1415
Meister v. Hohenfurth (Böhmen) tätig um 1350
Memling, Hans (Niederlande) um 1433—1494
Moser, Lukas (Deutschland) 1. Hälfte 15. Jahrh.
Orcagna, Andrea (Italien) um 1315—1377
Pacher, Michael (Österreich) um 1435—1498
Sassetta (Stefano di Giovanni) (Italien) 1392—1450/51
Schongauer, Martin (Deutschland) um 1430—1491
v. der Weyden, Rogier (Niederlande) um 1400—1464
Witz, Konrad (Deutschland) um 1410—1445

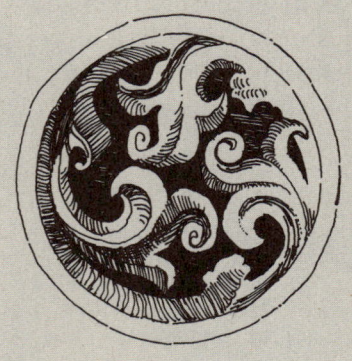

Das sogenannte Verlöbnisbild des »Meisters des Sterzinger Altars«, eines anonymen Malers Mitte des 15. Jahrhunderts. Es zeigt ein Paar von Stand, aber offenbar aus dem Bürgertum. Die Herrenmode dieser Zeit übertrifft an Luxus und Exzentrik die der Damen bei weitem; auch der einfache Mann liebte es, närrisch zu »schocken« – ein beängstigender Widerspruch zu Pest, Mystik, Inquisition und Krieg.

Das Münster von Freiburg im Breisgau, dessen originaler, 116 m hoher Hauptturm (um 1300) zu den elegantesten Filigranen der Gotik zählt. Erbaut auf romanischen Resten.

Die Kathedrale von Reims (13. Jahrhundert) mit ihren unvollendeten Türmen. Zwei Dinge kamen an ihr zur höchsten Blüte: das Maßwerk und die Bauplastik (8000 Figuren).

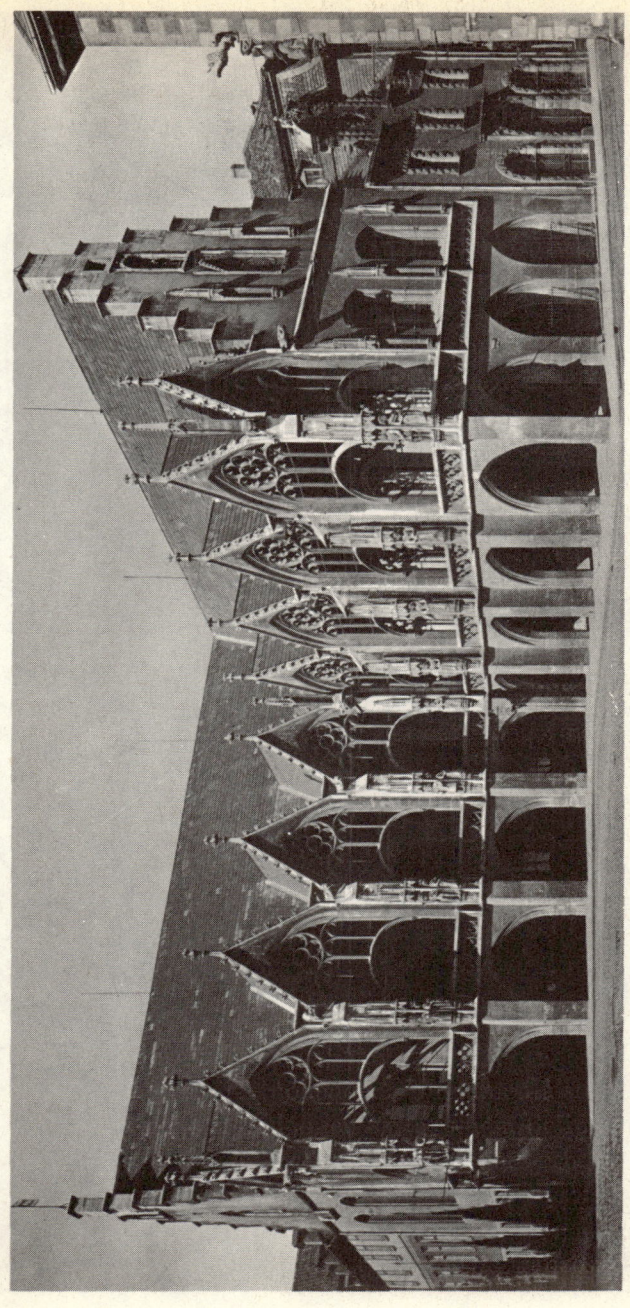

Das Altstädtische Rathaus von Braunschweig (14. Jahrhundert). Die profanen Repräsentationsbauten in Deutschland, wie etwa Rathäuser, Spitäler, Zunfthäuser und Schlösser, übernahmen, was der Kirchenbau herausgebildet hatte: Maßwerk, Wimperge, Kriechblumen, Bauplastik.

Ein Saal der Albrechtsburg in Meißen (Ende 15. Jahrhundert). Modische Neuheit: Das Rippengewölbe ist in Zellen untergliedert, die Pfeiler sind zu Fußstützen geschrumpft.

Der Remter der Marienburg (14. Jahrhundert), Hochgotik im deutschen Norden. Die Kreuzrippengewölbe ruhen palmartig in 18 Rippen (!) gebündelt auf jedem Kapitell.

Altarflügel der hl. Barbara, von Robert Campin, dem »Meister von Flémalle«, datiert 1438. Er zeigt sehr schön das Fluidum und Details der gotischen Stube.

Tiroler Schrank, Ende des 15. Jahrhunderts. Die Mittelfelder mit Ahorn furniert, das reiche Maßwerk, in Fichtenholz, blau unterlegt.

Eichentruhe aus dem 14. Jahrhundert. Die Tier-Reliefs in den Kreisen sind noch ein Nachklang der Romanik.

Baldachin-Bett, Zirbelholz, datiert 1470. Das Maßwerk vor blauem Grund. Die Betten konnten gewöhnlich durch Vorhänge verschlossen werden. Süddeutsche Arbeit.

Kastentisch (alpenländisch 15. Jahrhundert) mit schön gschnitzter Zarge. Als Schreibtisch gedacht, aufklappbar und mit einem Schloß versehen. Hölzer: Ahorn und Eiche.

Chorgestühl aus St. Gereon in Köln (um 1300). Die ritterliche Hoheit der Romanik hat sich nun in Grazie und höfischen Charme verwandelt.

Christus-Johannes-Gruppe eines unbekannten Meisters um 1300, mit noch deutlichen Anklängen an die romanische Ritter-Knappen-Idee.

Kopf der »Madonna von Krumau«, unbekannter Meister um 1415. Sie repräsentiert in ihrer Zartheit, Innigkeit und sinnlichen Hingebung eine ganze Werkepoche »Schöner Madonnen«.

Epitaph aus dem Straßburger Münster von Nikolaus Gerhaert, 1464 datiert. Die Madonna hat an Verinnerlichung verloren, der Kanonikus wirkt schon humanistisch.

»Dame an der Orgel«, französischer Wandteppich (2,40 × 2,70 m) vom Anfang des 16. Jahrhunderts. Auf dunkelgrünem Fond stehen die Blumen und Figuren in zartestem Bleu, Rosa und Beige. Höchste Blüte der Tapisserie.

»Anbetung der Könige« aus Schloß Tirol (um 1370). Die neue abendländische Malerei hat eingesetzt! In Hamburg malt Meister Bertram, in Ypern Broederlam, in Prag der von Hohenfurt und der von Wittingau.

Eine »Verkündigung« des süddeutschen Meisters Konrad Witz (um 1400–1445). Seine Kargheit und Strenge ist für die Gotik überraschend.

»Anbetung der Könige«, eine der 13 Miniaturen aus einem französischen Stundenbuch aus der 2. Hälfte des 15. Jahrhunderts. Diese Buchmalereien sind leuchtend farbig und goldüberhöht.

»Madonna im Kirchenschiff« von Jan van Eyck, einem der größten Maler des Abendlandes. Das juwelenhafte Täfelchen ist nur 31 × 14 cm groß.

STEINERNER FRÜHLING

Noch ein letzter Schritt zurück, und wir sind in der Romanik. Sie ist der früheste Stil, den das nördliche Abendland hervorgebracht hat; der früheste und der verführerischste. Die Knaben verführt er zum Träumen von Burgen und Rittern, die Frauen zum Träumen von Minnesängern, die Architekten zum Träumen von Statik, und die Buchsetzer verführt er zu einem weltweiten Setzfehler: kaum ein Buch, in dem nicht statt Romanik einmal Romantik stünde. Das ist ein Druckfehler zum Krankärgern. Deshalb haben einige Professoren vorgeschlagen, das Wort »einzudeutschen«, und zwar als »Rundbogenstil«. Ich für meine Person muß gestehen, daß ich mich lieber mit »Romantik« krank- als mit »Rundbogenstil« gesundärgere.

Sie haben die Bögen rund gebaut, kein Zweifel, aber die Romanik umschließt mehr als nur Architektur. Natürlich: es gab noch keine Musik in unserem Sinne, es gab keine Alltagsmalerei, es gab, mit Ausnahme der Altarrückwände, kein Tafelbild, es gab kein Leinwandbild, es gab keine profane Philosophie, und es gab keine umwälzende Technik, es gab keine barocken Wasserspiele und keine renaissancischen Essens-Aufzüge; aber sie verbrachten ihre Tage nicht damit, Rundbögen zu

bauen, aus dem Fenster zu hängen und auf den nächsten Kreuzzug zu warten.
Eine Welle historischen Bewußtseins setzte zur Zeit Ottos I. die Holzgriffel (Federkiele erst um etwa 1250) der Mönche in Bewegung, deren Geschichtswerke auf uns überkommen sind. Hrothswitha von Gandersheim schrieb bereits um das Jahr tausend sechs Dramen, hundert Jahre später kamen die Minnesänger, eine Blüte von höfischer Poesie und Liebeslyrik begann, in Frankreich sangen die Troubadoure, in Deutschland die Kürenberg, Morungen, Hartmann von Aue, Gottfried von Straßburg, Wolfram von Eschenbach und Walther von der Vogelweide. Es entstanden die kolossale Parzival-Dichtung und Tristan und Isolde, der Arme Heinrich und das Nibelungenlied. Alkuin erfand die Minuskel-Handschrift, und die deutsche Sprache brach vom Althochdeutschen zum Mittelhochdeutschen um. Es war viel los in diesen drei Jahrhunderten, dem 10., 11. und 12.; auch Rundbogen waren los, aber sie waren das Wenigste.
Allerdings waren sie das Stabilste. Und es bedurfte wirklich der ganzen Geschicklichkeit der Generäle eines Jahrtausends, um einen Prozentsatz von ihnen zu zerstören.
Von weltlichen Bauten ist nur noch wenig erhalten, die Burgen sind Ruinen, die Kaiserpfalzen zerstört (oder restauriert, allerdings oft sehr gut wie beispielsweise Goslar), so daß es ein wahres Wunder ist, wenn wir ein Gebäude, gar aus der frühesten Zeit, besitzen. Dieses Wunder gibt es: Das Torhaus des Klosters von Lorsch ist quasi vollständig intakt. Es stammt aus der Zeit Karls des Großen und scheint gründlich unsere landläufigen Vorstellungen von unwirtlicher zyklopischer Zeit zu revidieren. Ja, es ist geradezu vertraut-wohnlich. Es fällt einem die große Ähnlichkeit mit unseren fränkisch-

thüringischen Bauernhäusern auf, auch den hessischen. Und tatsächlich reicht der Einfluß der alten germanischen Hauskonstruktionen noch bis in diese Zeit (9. Jahrhundert). Etwas aber täuscht: Diese Karolinger Epoche ist eben noch *keine* Romanik, sondern eine Inkubationszeit. Man suchte noch. Die Wohnbauten waren durchweg noch recht bäuerlich und bewahrten die germanische Eigenart, und die Kirchen- und Pfalzbauten hielten sich viel darauf zugute, den ravennischen Bauten des bewunderten Theoderich zum Verwechseln ähnlich zu sehen. Tatsächlich hat Karl der Große die Pfalzkapelle in Aachen der Kirche San Vitale in Ravenna nachgebildet.

Eine kuriose Situation! Wenn Sie einmal Verwirrung stiften wollen, können Sie die karolingische Epoche getrost »gotische Renaissance« nennen; denn Theoderich war zweifellos Gote und von einer Renaissance (Wiedergeburt) seines abendländischen Kaisertums träumte der junge Karl Tag und Nacht.

Um die Mitte des 10. Jahrhunderts endlich setzte die Romanik ein. Ihr Genius war kein Geringerer als Otto der Große, der Kaiser selbst. Die Kunstgeschichte nennt neuerdings diese Frühzeit sogar »Ottonischer Stil« und es wäre nicht schlecht, wenn die ganze Romanik so hieße. Aber Monsieur de Gerville, der Anfang des vorigen

Jahrhunderts dozierte, fand, daß es an der Zeit sei, sich für die unverdiente Ehre, die den Deutschen mit der »Gotik« zuteil geworden sei, zu rächen, und nannte den bis dato unbenannten Stil uns zum Fleiß »romanisch«. Wir hatten damals gerade die Befreiungskriege siegreich verloren und fügten uns.

Die Elemente der romanischen Baukunst sind leicht zu merken. Da die Kirchenbauten die heute noch auffälligsten Zeugen sind, bleiben wir zunächst bei ihnen. Das Kirchenschiff ist aus der altchristlichen Basilika entwickelt und erinnert in nichts mehr an die ravennischen Hochbauten. Der romanische Dom ist ein erdgebundener, wehrhafter Steinkoloß. Die betonte Kreuzform des Grundrisses der späteren Gotik hat sich noch nicht herausgebildet; das Querschiff ist unbetont und kurz, mitunter findet man sogar zwei, eins im Osten, eins im Westen, sogar zwei Apsiden. Die Portale liegen dann an den Längsseiten. Sie tragen Rundbögen und stoßen, sich verengend, tief in die Wand hinein, denn die Mauern sind enorm. Alles scheint für die Ewigkeit gebaut. Über den Vierungen erheben sich kantige, gedrungene Türme, meist mit einem Pyramidendach gedeckt. (Hat man Pech, dann sieht man den ersten romanischen Dom seines Lebens in Worms, und der hat runde Türme. Oder man kommt nach Soest. Da erhebt sich ein einzelner riesenhafter Turm am Westende und ist noch mit einer Laube umbaut.)

Das Langhaus hat, da die Fenster aus Furcht, die Tragkraft der Wände zu vermindern, klein und schmal gehalten sind, enorme Flächen, die man mit Friesen und Fresken schmückte. Zwei Säulenreihen, oft abwechselnd mit Pfeilern (»Stützenwechsel«) und durch große Rundbogen verbunden, teilen das Langhaus gewöhnlich in das Haupt- und zwei Seitenschiffe, also wie in der Gotik, nur

sind die Seitenschiffe kaum höher als zehn Meter. Später wurden Langseiten-Emporen (für die Angehörigen des Hofes) üblich. Das Musterbeispiel dafür ist wahrscheinlich Gernrode gewesen (bereits 961 von Gero gestiftet, dem Markgraf Gêre des Nibelungenliedes).
Die Decke war in der Frühromanik flach und aus Holz. Später kamen die quadratischen steinernen Kreuzgewölbe auf. Das Langhaus, in dem die Gemeinde stand, wurde vom »Chor«, in dem die Geistlichkeit zu Seiten des Altars saß, nur theoretisch durch den »Triumphbogen« hoch oben vor dem Querschiff und durch das geringe Höherliegen des Chors (über der Krypta!) getrennt. Die strengen Schranken des »Lettner« entwickelten sich erst in der Gotik, als die Krypta wegfiel.

Große Steinflächen, Rundbögen und Zylindersäulen beherrschen das Bild romanischer Bauten. Die Säulen trugen ornamentierte Kapitelle in Würfel- oder Kelchform,

die Schäfte waren in späterer Zeit prachtvoll mit Blatt- und Flechtwerk modelliert.
Die romanischen Dome Italiens dagegen blieben ständig von Rom und Ravenna beeinflußt, viele haben (obwohl Basiliken) Kuppeln, und ihre Westfronten sind über dem Portal mit drei- und vierstöckigen Säulenarkaden (sogenannten »Zwerggalerien«) total verstellt (Pisa, Lucca), und fast alle haben neben sich das hohe, achteckige Baptisterium — das ist frühchristlicher, nicht romanischer Geist. Strenge, wehrhafte Romanik ist selten, Fiesole ist allerdings ein besonders schönes Beispiel.
In England ist es Southwell, das den größten Eindruck hinterläßt; das Innere der Kirche ist geradezu gigantisch-walhallisch.
Die profanen Bauten müssen einen wunderbar noblen Eindruck erweckt haben. Die Goslarer Kaiserpfalz und das prachtvolle Landgrafenhaus der Wartburg geben uns heute noch einen Begriff davon. Von diesem Geist lebten noch bis nach 1300 die großen Palazzi in Italien (z. B. der alte Teil des Florentiner Bargello mit dem herrlichen Hof), ehe sie flüchtig ein paar gotische »Modeneuheiten« aufnahmen und dann schnurstracks in die Renaissance marschierten.
Merkwürdigerweise war nicht die frühe, ottonische Kunst die strengere und abstrahierende, sondern die hochromanische der Salier- und Stauferzeit. Das läßt sich schön an der Plastik und dem Kunstgewerbe verfolgen. Norddeutschland war dabei immer viel freier von römischen Einflüssen, das heißt also viel unbefangener, neuartiger, erzählender als der Süden. Die frühen Bronzereliefs an den Domtüren von Hildesheim, fast fünf Meter hoch in einem Stück gegossen, wirken weniger archaisch als die Werke der späteren Zeit. Ja, gegen San Zeno, Verona, und die Türen von Pisa wirken die Hil-

desheimer Reliefs geradezu bewegt, gestikulierend, schwerelos. Und eine Elfenbein-Schnitzerei (die damals ihre höchste Blüte erlebte) wie die Kreuzigungsgruppe des sogenannten Echternacher Meisters scheint in ihrem Geist um hundert Jahre jünger als alle Schnitzereien des 12. Jahrhunderts. Also: Ohne mehr als einen einzigen Blick auf den strengen »Bamberger Reiter« oder die »Uta von Naumburg« geworfen zu haben, weiß man, daß sie schon der Hoch- oder Spätromanik angehören müssen.

Nach 1200 kamen überdies aus Frankreich noch Einflüsse antiker römischer Statuen herüber, also klassizistische Einflüsse. Am Bamberger Dom steht eine Maria, die in Haltung, Faltenwurf und Oberflächenbehandlung so antik wirkt, daß sie aus Rom herbeigeschafft sein könnte (wenn das Gesicht nicht so unverkennbar deutsch verinnerlicht wäre).
Deutschland war auch das Zentrum der Buchmalerei. Die Mönche von Reichenau lösten sich als erste aus den byzantinischen Fesseln. Sie waren lebendig genug, in-

nerhalb ihrer Schule sogar mehrere Richtungen zu entwickeln: einen überhöhenden Monumentalstil, einen »züngelnden« Stil und einen ekstatischen. Beispiele: Das Bamberger Evangeliar und das Perikopenbuch, beide in der Münchner Staatsbibliothek. Trier, Echternach und Köln waren weitere bedeutende Schulen.
An Wandmalerei ist wenig erhalten. Die französische (in Burgund und Saint Savin) ist unwichtig, sie hängt noch ganz von Byzanz ab. Aber die Reste, die wir an den Wänden auf der Reichenau und in Burgfelden, am Hochchor von St. Gereon in Köln und in der Burgkapelle von Schloß Hocheppan bei Bozen besitzen, verkünden schon einen neuen Geist, eine neue Technik sogar und vor allem eine neue Farbe. Sie erinnern in nichts mehr an die Mosaiken, die noch vor kurzem Malerei-Ersatz gewesen waren. Sie sind farbig, oft beschwingt, erzählend und vor allem volkstümlich — ein Zug, den man schon aus der ottonischen Plastik kennt. Sogar die ersten aufkommenden Glasmalereien in Deutschland zeigen die gleiche Tendenz zum Populären: Der Prophet Daniel im Dom zu Augsburg ist von Kopf bis Fuß ein bischöflicher Legat, der ein Breve verliest — wie ihn um 1100 jedes Kind kannte. Aber, wie gesagt, diese Meister waren Avantgardisten! Im Kloster Prüfening bei Regensburg z. B. und in Salzburg runzelte man darüber die Stirn und pinselte weiter byzantinisch.
Erst um die Mitte des 13. Jahrhunderts war der Durchbruch zu einer rein abendländischen romanischen Malerei endlich vollzogen. Die Führung übernahmen die Schulen von Köln und Soest. Um diese Zeit verwandelte sich auch das Retabel (der Altar-Aufsatz) von der bisherigen Reliefrückwand zum bemalten Brett. Man war auf den Geschmack gekommen, man begann, den Unterschied zwischen einer nur »dekorierten« Wand und

einem »Bild« zu sehen. Aber machen wir uns keine falschen Vorstellungen: Diese Retabeln waren bescheiden, kaum höher als einen Meter, und man empfand sie wahrscheinlich noch als groß projizierte Buchmalerei. Tatsächlich ist das Retabel aus der Wiesenkirche in Soest (heute im Museum Berlin) auf Pergament gemalt!

Ganz schlecht bestellt ist es um Möbel, die auf uns überkommen sind. Fast alles ist verlorengegangen. Doch was wir noch besitzen und was wir auf Buchmalereien und Reliefs erkennen, ist genug, um uns einen Begriff zu geben. Wenn wir heute als wackere Touristen in Goslar vor dem steinernen Sessel Kaiser Heinrichs III. stehen, dann dürfen wir nicht in den Fehler verfallen, in Gedanken alle Säle und Stuben mit solchen Thronen auszustatten. Es war wirklich ein Thron. Sonst aber saß man auf Holzstühlen, auf langen Bänken mit Lehnen oder auf lederbezogenen Faltstühlen. Die Tische waren massig und, soviel wir wissen, kaum verziert, die Truhen geradlinig auf Bretterbeinen (mitunter fensterartig durchbrochen), gelegentlich bilden auch einfach die Seitenwände die Füße. Statt Schnitzwerk häufig sehr kunstvolle Eisenornamente. Die Schränke waren schmal und hoch (wie alte Kachelöfen) und wie fast alle Möbel aus Eiche. Eisenbänder überzogen die Front und die Seiten; der spitze Giebel und der Stollen waren fast immer geschnitzt. Als Ornament: Kreise, Bänder, Ranken, Spiralen, Rundbogenfriese, gelegentlich heraldische Tiere.
Das alles müssen wir uns wärmer vorstellen, als es heute

in den Museen wirkt. Es kamen Kissen hinzu, Lederpolster, Stoffe, Kleinkram damals wie heute, Töpfergefäße, Bronze-Gegenstände, Waffen, Brettspiele, Bronzespiegel, Leuchter, Schmuck und — jetzt kommt zum Schluß noch ein Gebiet, auf dem die Romanik Wunderwerke geschaffen hat — Emailleschmelzarbeiten auf Schreinen, Kästchen und Kreuzen. Die erste bedeutende Werkstatt Europas war wahrscheinlich St. Maximin in Trier (10. Jahrh.). Von dort verbreitete sich die Schmelzkunst ins Rheinland, zur Maas, Aachen, weiter nordwärts bis Hildesheim, nach Frankreich hinein bis Limousin. In Italien war Siena das Zentrum.

Eine Fülle von Kunst in dieser grauen Vorzeit. Mit einem Fuß standen die Menschen noch im Germanischen, mit dem anderen schon im neuen Abendländischen. Man sieht noch das ungewisse Tasten, und man sieht schon Meisterschaft. Schon Ernte und noch Quelle. Das ist es, was uns so sehr anrührt. »Die Zeit ist eine blühende Flur — und alles ist Frucht und alles ist Samen.« (Schiller)

Wann?

Etwa 950 (ottonische Vorromanik) bis um 1250.

Wo?

In ganz Europa, am reichsten (und längsten) in Deutschland.

Wie?

Die Dombauten, deutlichste Zeugen der Zeit, machen den Eindruck der Massigkeit und Wehrhaftigkeit. Dicke Mauern, geringe Fensterdurchbrüche des Langhauses, das gewöhnlich durch zwei Reihen Säule-Pfeiler (Stützenwechsel) in drei Schiffe geteilt ist. Später Längsemporen. Unter dem (erhöhten) Chor die Krypta. Querschiff (oft im Westen und Osten) kurz. Die Vierung gibt das Maß für die sich wiederholenden Deckenwölbungen. In der Frühzeit hölzerne Flachdecke oder offene Soffitte. Tief gegliederte Gewändeportale, figurenreich. Alle Bögen Rundbögen, im Schiff auf kunstvollen Kapitälen und Kämpfern ruhend. Gedrungene Türme mit (meist) Pyramidenhauben. Viel Bauplastik.
Die Plastik selbst anfangs eher Relief als Vollplastik, ottonisch beschwingt, später statischer, zum Schluß römischer Einfluß. Die Malerei beschränkt sich auf Buchillumination sowie Wandbilder, die sich erst langsam aus einem überkommenen Byzantinismus lösen. Schönes Kunsthandwerk, Leuchter, Gefäße, Handspiegel, Kästchen. Emailleschmelzkunst auf dem Höhepunkt.

Warum?

Die Romanik, der erste selbständige Stil des Abendlandes, hat nur geringe Wurzeln in der karolingisch-ravennischen oder der frühchristlichen Kunst. Die Antriebe sind schwer zu durchschauen. Die Menschen schienen anfangs seelisch nicht wesentlich verschieden von denen zur Zeit Karls des Großen. Äußerliche, allerdings enorme, Ereignisse scheinen den Wandel herbeigeführt zu haben: Im 10. Jahrhundert liegen die furchtbaren Ungarneinfälle, die das Verkriechen zu einem Dauerzustand und den Schutzgedanken zu einem ständigen Gebet machten. 924 schloß Heinrich I. (Ottos Vater) einen neunjährigen Waffenstillstand mit den Ungarn und verwirklichte in dieser Zeit einen phantastischen Plan, er »erfand« die Burgen und überzog das Land damit. Sie waren es, die der Romanik die grundsätzlichen Vorstellungen vom Bauen geliefert haben. Otto der Große einte dann die Gaue zu einem »Deutschland« und pflanzte auch den größeren Vaterlandsgedanken in die Herzen. Das gab den Menschen ein neues Gefühl für Dauerhaftigkeit, Geschlossenheit und ihre Symbolik. Auch das Verhältnis zu Gott wurde ein männlicheres, aufrechteres. Dieser Geist führte schließlich zur Romanik.

Was?

Die Romanik, einschließlich der ottonischen Vorromanik, hat auf allen Gebieten Eigenes geschaffen, am schwächsten in Malerei und im Möbel, am reichsten im Dom- und Burgenbau.

Wer?

Baukunst
Lanfranco von Modena (Italien) 11. Jahrh.
Bischof Bernward von Hildesheim (Deutschland)
gest. 1022
Bischof Benno von Osnabrück (Deutschland) gest. 1088
Buscheto von Pisa (Italien) 2. Hälfte 11. Jahrh.

Rainaldo von Pisa (Italien) 2. Hälfte 11. Jahrh.
Guidetto von Lucca (Italien) um 1200

Plastik

Antelami, Benedetto (Italien) tätig 1178—1216
Barisano da Trani (Italien) 2. Hälfte 12. Jahrh.
Bonanno, Pisano (Italien) 12. Jahrh.
Guglielmo (Provence) 2. Hälfte 12. Jahrh.
Echternacher Meister (Deutschland) vor 1000
Meister Berengar (Deutschland) um 1000
Meister Stefan Lagerimus (Etsch) 11. Jahrh.
sog. Samsonmeister (Köln) um 1200
Wiligelmo (Italien) um 1100

Malerei

Berlinghieri, Vater und Sohn (Italien) 13. Jahrh.
Giunta, Pisano (Italien) 2. Viertel 13. Jahrh.
Guido da Siena (Italien) 13. Jahrh.
Meister des Soester Retabel (Deutschland) um 1200
Meister von Hocheppan (Fresken) (Deutschland) um 1150
Meister von Niederzell-Reichenau (Fresken) (Deutschland) um 1100
Buchmalerwerkstätten von Echternach, Fulda, Köln, Metz, Regensburg, Insel Reichenau, Reims, Salzburg, Tours, Trier, Tegernsee.

Kunsthandwerk

Gold- und Emaillearbeiten
Eilbertus von Köln, Anfang 12. Jahrh.
Godefroid de Claire (Maasgebiet) Mitte 12. Jahrh.
Nikolaus von Verdun (Maasgebiet) 2. Hälfte 12. Jahrh.
Reiner von Huy (Lothringen) um 1100
Roger von Helmershausen (Deutschland) um 1100

Adelige Dame und vornehmer Herr (der von Kürenberg, niederösterreichischer Minnesänger um 1150–70) in der Tracht des ausgehenden 13. Jahrhunderts, in dem dieses Bild entstand, eines der 137 Minnesänger-Porträts der Manessischen Handschrift. Lange Kleider, lange Röcke, aus Wolle in meist ungebrochenen Farben, darunter Hemden aus Leinen oder, bei der Dame, aus Seide. Die weiten Umhänge pelzgefüttert. In der frühen Romanik erinnerte die Männerkleidung noch an die germanische: kniefreier Wams und enganliegende lange Hosen.

Niedersächsisches Bauernhaus aus unserer Zeit. Es repräsentiert den germanischen Haustyp, wie er bis in das 10. Jahrhundert hinein gebaut wurde. Erst mit der Karolingischen Epoche trat ein kunstbewußter echter Baustil auf.

Der Dom von Speyer, 1030 begonnen, ist eines der reinsten frühromanischen Zeugnisse Deutschlands, wenn auch stark restauriert, nachdem ihn die Franzosen im Lauf der Jahrhunderte zweimal niedergebrannt hatten.

Die sogenannte Tor-Halle des Klosters Lorsch, einer ehemaligen Benediktinerabtei, entstanden um 800, ältestes und besterhaltenes Wahrzeichen des Karolingischen Stils.

Das Mittelschiff der Kathedrale von Southwell, England, ein romanischer Bau der Normannen von geradezu zyklopischer Wucht. Entstanden kurz nach 1100.

Die Figur der Uta (anonym, Mitte 13. Jahrh.) aus dem Westchor des Naumburger Doms, dessen Skulpturen den Höhepunkt ritterlicher Plastik bilden. Die Gestalten bestechen durch ihre außerordentliche Würde und Gelassenheit.

Die Kaiserpfalz in Goslar, Lieblingssitz Heinrichs III., ist der größte Profanbau Deutschlands, der aus romanischer Zeit auf uns überkam. Er ist allerdings teilweise rekonstruiert. Einen ebenso schönen Begriff von den Fürstenbauten jener Zeit gibt das Landgrafenhaus der Wartburg.

Kreuzgang der Klosterkirche von Königslutter, 1135 gegründet. Die wunderbar ornamentierten Säulen und Kapitelle gaben diesem Typ sogar den Namen »Königslutterer Stil«. Die Idee aber kam aus dem Süden: Die Baumeister hatten solche Säulen schon eine Generation früher am Dom von Trient bewundern können.

Der »Bamberger Reiter«, Steinfigur aus dem Dom, von einem unbekannten Meister kurz nach 1200 geschaffen. Er gehört noch zur »dienenden« Bauplastik, bedeutet aber schon den Übergang zur Freiplastik.

Der Löwe von Braunschweig, Bronze, um 1160, eine der seltenen monumentalen Freiplastiken der Romanik.

Kaiser Otto III. in einer zeitgenössischen Buchmalerei der Mönche von Reichenau. Die Abhängigkeit von alten römischen Malereien ist sichtbar, ebenso ein Rest des Byzantinischen. Noch fehlt jede Naturtreue, auch im Porträt.

»Der Sündenfall«, Deckenmalerei aus St. Michael in Hildesheim, entstanden kurz nach 1200. Welch großer Schritt vorwärts! Zum Malerischen und Natürlichen. Man ahnt bereits den neuen abendländischen Stil.

Kain- und Abel-Szene von den Bronzetüren des Hildesheimer Doms. Die beschwingten, bewegten Reliefs, deren Meister man nicht kennt, entstanden um das Jahr 1000 und gehören zur ottonischen Kunst. Die 5 m hohen Türen (sog. Bischof-Bernward-Türen) sind in einem Stück gegossen.

Leder-Faltstuhl, Anfang 13. Jahrhundert, in heiteren Farben gefaßt und reich geschnitzt. Daneben waren einfache, gerade Stühle und lange Bänke aus gedrechselten Rundhölzern im Gebrauch.

Geschnitzter, eisenbeschlagener Giebelschrank um 1300.

Niedersächsische Eichentruhe um 1300. Die Frontseite ist in romanischen Bögen reliefiert, die Beine wiederholen in Miniatur kunstvoll romanische Portale. In der Frühzeit sind romanische Truhen viel massiger und statt mit Schnitzereien mit Eisenbeschlägen ornamentiert.

LEXIKON

A

Achtort Achteck in der gotischen Baukunst.
Akanthus Distelblatt-artiges, plastisches Ornament.
Al fresco Siehe Fresko.
Apsis Meist halbkreisförmiger Ausbau am Chor (Mehrzahl: Apsiden).
Arabeske Den Blattranken nachgebildetes, verschnörkeltes aber geometrisches Ornament.
Arkade Bogenstellung, die auf Pfeilern oder Säulen ruht. Blendarkade: das gleiche als Zierde vor undurchbrochene Wand gesetzt.
Aufriß Architekturzeichnung der Vertikalansichten von Bauwerken.
Auge Rundöffnung im Zentrum der Kuppel.
Auskragung Vorspringen eines Bauteils (oder Stockwerks) in der Waagrechten.

B

Backsteinbau Unverputzter Bau aus gebrannten Mauerziegeln.

Baluster Kleine, bauchige Geländersäule. Davon abgeleitet: Balustrade.

Baptisterium Taufkirche, meist rund oder achteckig, neben der Hauptkirche aufgeführt.

Barock Siehe Seite 143 ff.

Basilika In der christlichen Baukunst Kirchenbau mit langgestrecktem, überhöhtem Mittelschiff.

Bauhütte Die Vereinigung der an einem Kirchenbau gemeinsam arbeitenden Architekten, Maurer und Steinmetzen.

Beischlag Ein auf die Straße vorgezogener, offener Treppenaufgang.

Bergère Breiter, tiefer, allseitig gepolsterter Rokoko-Sessel.

Biedermeier Siehe Seite 84 ff.

Bifore Siehe Trifore.

Bildende Kunst Die abbildende und die dreidimensional formende Kunst: Malerei, Baukunst, Plastik und verwandte Gebiete.

Blendarkade Siehe Arkade.

Boullemöbel Benannt nach dem französischen Kunsttischler Charles Boulle (1642—1732). Auch sein besonderes Einlegeverfahren von Schildpatt, Elfenbein, Kupfer, Zinn und Perlmutt wird Boulle-Arbeit genannt.

Bureauplat Rechteckiger, flacher Schreibtisch ohne Aufsatz. Aus dem Barock und Rokoko.

Butzenscheiben Kleine, runde, in Blei gefaßte Glasscheiben.

C

Campanile Der neben die Kirche gesetzte Glockenturm. Im Italienischen: Jeder Glockenturm (campana = Glokke).

Campo Santo Italienischer Friedhof, eingefaßt von einem Hallenbau, der sich meist mit Arkaden nach innen öffnet.
Cassone Aus dem Italienischen: Große Truhe.
Chinoiserie Aus der chinesischen Kunst übernommene Schmuckmotive und -formen.
Chippendale Eigenständiger englischer Möbelstil, um 1754 von Thomas Chippendale aus dem Rokoko entwickelt. Asiatische Schmuckmotive, Holz fast immer Mahagoni.
Christian-VIII.-Stil Das Spätempire in Dänemark.
Chor In der Baukunst der der Geistlichkeit vorbehaltene Altarraum, bei Kirchen mit Querschiff die Verlängerung des Langhauses über das Querschiff hinaus.
Cinquecento Italienische (abgekürzte) Bezeichnung für das 16. Jahrhundert.
Cloisonné Emaillearbeit, deren Schmelzfelder durch Metallstege abgegrenzt sind. Blütezeit im Mittelalter.

D

Dachreiter Kleines Türmchen, auf dem Dachfirst aufsitzend. Im 13. Jahrhundert von den Zisterziensern eingeführt.
Dadaismus Siehe Seite 72.
Decorated style Bezeichnung für die englische Gotik des 14. Jahrhunderts.
Deutschrömer Siehe Nazarener.
Delfter Fayencen Blütezeit zwischen 1650 und 1750. Meist Blaumalerei auf hellem Grund. Auch Kacheln.
Diptychon Siehe Polyptychon.
Directoire Französische Übergangsepoche zwischen Louis-Seize und Empire während der Direktoriumsregierung (1795—99). Vor allem im Möbel und in der Mode.
Docke = Baluster, s. d.

Dom Von lateinischen domus = Haus (Gottes); Bischofskirche.
Ducento Im Italienischen (abgekürzte) Bezeichnung für das 13. Jahrhundert.

E

Ebenist (abgeleitet von Ebenholz): Kunsttischler des 18. Jahrhunderts.
Eklektizismus Unschöpferische Benutzung fremden Stil- und Gedankenguts.
Elisabeth-Stil Bezeichnung für einen englischen Profanbau-Stil zur Zeit der Königin Elisabeth I. in der 2. Hälfte des 16. Jahrhunderts, der Renaissance noch mit gotischen Elementen verbindet.
Emaille Auf Metall kunstvoll aufgeschmolzenes farbiges Glas.
Emblem Sinnbildliches Zeichen oder beigegebenes Symbol.
Empire Siehe Seite 101 ff.
Empore Die von Säulen oder Pfeilern getragene Galerie im Innern eines Bauwerks.
Epitaph Toten-Gedächtnis- oder Ehrentafel, meist an Kirchenpfeilern angebracht, oft reich skulptiert.
Expressionismus Siehe Seite 69 ff.

F

Fachwerk Das tragende Bauskelett besteht aus Holzbalken, nur die Zwischenflächen sind ausgemauert.
Faßmaler Maler, der Plastiken eine farbige Fassung gibt. Heute: Vergolder.
Fauteuil Lehnsessel.

Fauvismus Siehe Seite 69.
Fayence Abgeleitet von Faenza (Italien), von wo im 16. Jahrhundert die berühmtesten Keramiken kamen, die besonders feine, undurchsichtige Zinnglasuren hatten. Italienische Bezeichnung: Majolika.
Fiale Aus dem Altfranzösischen: »Töchterchen«. Eine zierliche, türmchenartige Bekrönung von Außenpfeilern.
Flamboyant-Stil Spätgotische Entwicklung in England und Frankreich. Maßwerk und Ornamente erhalten züngelnde Formen.
Flügelaltar Schöpfung der Gotik anstelle des Retabel. Religiöses Schnitz- oder Bildwerk mit einem dominierenden, feststehenden Mittelteil und drehbaren Seitenflügeln.
Formalismus Kunstanschauung, die das rein Formale (Form, Ausführung im Gegensatz zu Ausdruck und Inhalt) überbetont.
Fresko Ital.: al fresco = auf den frischen (Mörtel nämlich). Malerei mit Wasserfarben auf die frisch verputzte Wand.
Fries Waagerechter Bild- oder Ornamentstreifen.
Funktionalismus Eine moderne Bau- und Handwerksauffassung, die nur die Zweckmäßigkeit und praktische Rentabilität im Auge hat.
Futurismus Siehe Seite 71.

G

Gaden Siehe Lichtgaden.
Genrebild Hat als Motiv allgemein-menschliche Szenen aus dem täglichen Leben ohne Überhöhung ins Historische oder Heroische.
Gewände Die schräge Fläche, die durch das verjüngende Einschneiden von Portalen und Fenstern in starkes

Mauerwerk entsteht. Man spricht deshalb von Gewändeportalen und Gewändefiguren (dort angebrachte Bauplastik).
Glasmalerei Unkorrekte Bezeichnung, richtiger wäre Glasmosaik. Bild- oder Ornamentkomposition, meist für Kirchenfenster, aus farbigen Glasstücken, die mit Bleiruten zusammengefügt sind. Siehe dagegen: Hinterglasmalerei.
Gobelin Wand-Bildteppich.
Gotik Siehe Seite 189 ff.
Grisaille Grau- in Graumalerei, entstanden aus der Imitation von Skulpturen auf den Außenseiten von Altarflügeln.
Groteske Ein Ornamenttyp aus symmetrisch angeordnetem Rankenwerk mit eingestreuten Tieren und Fantasiewesen.
Gründerstil Siehe Seite 49 ff.
Gustavianischer Stil Schwedisches Louis Seize.

H

Hallenkirche Eine Langhauskirche, bei der Mittel- und Seitenschiffe gleich hoch und durch ein gemeinsames Dach zusammengefaßt sind.
Hepplewhite Ein aus dem Chippendale von dem Kunsttischler George Hepplewhite Ende des 18. Jahrhunderts entwickelter klassizistischer Möbelstil in England.
Hinterglasmalerei Malerei (mit Deckfarben) auf der Hinterseite einer Glasscheibe. Die Technik erfordert, um auf der Vorderseite das richtige Bild zu ergeben, die Umkehrung der Malfolge, z. B. zuerst das Setzen von Glanzlichtern, zurückgehend bis zum Hintergrund.

I

Ikonographie Beschreibung und Systematisierung der Bildinhalte und der überlieferten Bildschemata in der Kunst.

Illuminieren Ausschmücken von Büchern mit farbigen Malereien.

Impressionismus Siehe Seite 67 ff.

Inkunabel Wiegendruck, aus der Anfangszeit des Buchdrucks bis 1500, fast immer ohne Titelblatt und sonstige Druckangaben.

Intarsie Einlegearbeit in Holz.

J

Jugendstil Siehe Seite 32 ff.

K

Kämpfer Die oft reich profilierte, auf dem Säulenkapitell oder Pfeiler liegende Steinplatte, auf der ein Bogen, ein Gewölbe oder eine Wand aufliegt.

Kannelierung Vertikal-Rippung.

Kapitell (Betonung auf dem e). Der obere Abschluß (capitulum = Köpfchen) einer Säule, ausladend und von jedem Stil charakteristisch modelliert.

Karolingische Kunst Siehe Seite 215 f.

Kartusche Ornamentale Zierumrahmung mit leerer oder gestalteter Füllung. Vornehmlich im Barock gebräuchlich.

Karyatiden Menschliche Figuren meist in Stein, die die Aufgabe einer Säule oder eines Pfeilers übernehmen.

Kathedrale Griechisch: kathedra = Sessel (des Bischofs). Bischofskirche.

Keramik Sammelbegriff für alle Tonwaren.

Klassizismus Siehe Seite 101 ff.

Kleinkunst Alle handwerkliche künstlerische Arbeit, die nicht den Anspruch sogenannter großer Kunst erhebt.

Kleinmeister Heute Sammelbegriff für diejenigen Maler des 16. und 17. Jahrhunderts, die sowohl in Format wie Anspruch »klein« und bürgerlich geblieben sind. Ursprünglich Bezeichnung für eine Gruppe von Nach-Dürerischen Holzschneidern und Stechern.

Knorpelwerk Knorriges, knorpelartiges Ornament des Barock = Ohrmuschelstil.

Kolonialstil Nachklassizistischer, das Klima und die Eigenarten des Landes jedoch berücksichtigender Stil des 19. Jahrhunderts in den englischen Kolonien und Nordamerika.

Kolonnade Offener Säulengang ohne Bögen.

Konche = Apsis.

Konsole Ursprünglich nur profilierter, aus der Mauer vorgekragter Stein zum Tragen einer Figur oder eines Balkens. Dann auch angewandt auf ein Möbel des Barock und Rokoko, ein an die Wand gelehntes Halbtischchen mit ein oder zwei Beinen.

Krabbe Steinernes Blattornament der Gotik, das wie eine Krabbe an Pfeiler- oder Mauerkanten hinaufzukriechen scheint. Auch Kriechblume genannt.

Kreuzrippengewölbe Ein gewöhnliches Kreuzgewölbe besteht aus 2 Tonnengewölben, die sich kreuzförmig überschneiden. Das Besondere des Kreuz*rippen*gewölbes liegt darin, daß nur das Rippenkreuz, daher auch stark hervortretend, der Träger der Gewölbelast ist, während die Gewölbeflächen selbst nur aus dünnem Mauerwerk bestehen.

Kröpfen Scharfwinkliges Umbrechen, auch Absetzen von Simsen oder Leisten, besonders um Pfeiler herum und bei Fenstergiebeln.

Krypta Halb unterirdischer Kapellenraum, unter dem Chor gelegen, selten außerhalb des Chors; gedacht als Prominentengrabstätte und Aufbewahrungsort von Reliquien. Hauptzeit: Romanik.
Kubismus Siehe Seite 71.

L

Langhaus Die Gesamtheit der langgestreckten Basilikaschiffe, ohne die Chöre und Querschiffe.
Laibung Der rechtwinklige Mauerrahmen um Fenster oder Tür, auch die Innenfläche eines Gewölbebogens.
Lettner Eine (meist in großen Bögen licht durchbrochene) niedrige Wand, die in der Gotik den Chor vom Laienhaus trennt. Reich mit Figuren bekrönt.
Lichtgaden Spärliche Fensterdurchbrüche über den Dächern der Seitenschiffe zur Erhellung des Mittelschiffs. Romanisch.
Livre d'heures Siehe Stundenbuch.
Louis-Philippe-Stil Französischer Spätklassizismus in Möbeln, ca. 1830—40.
Louis Quatorze Französische Bezeichnung für das Barock des 17. Jahrhunderts, vor allem bei Möbeln.
Louis Quinze Französische Bezeichnung für das Rokoko in Frankreich.
Louis Seize Französische Bezeichnung für das klassizistische Spätrokoko in Frankreich, vor allem bei Möbeln.
Lünette Halbkreis- oder sichelförmiges Zierfeld über Fenstern und Türen.
Lüster Abgesehen von der Bezeichnung für (mit reflektierendem Schmuck behängte) Kronleuchter auch Fachausdruck für den metallisch irisierenden Schimmer von Keramikglasuren (gilt als wertvoll).

M

Mäanderband Linienornament von sich rechtwinklig überschlagenden Wellen. Aus hellenischer Kunst vom Klassizismus übernommen. Benannt nach Mäander-Fluß.
Majolika Abgeleitet von der Insel Mallorca (spanisch-maurische Fayence-Werkstätten). Soviel wie Fayence.
Manierismus Allgemein: Abwertende Bezeichnung für eine peinlich gewollte und erstarrte Nachahmung der Art eines großen Vorbilds. Speziell: Epoche in der 2. Hälfte des 16. Jahrhunderts. Siehe Seite 166 ff.
Marketerie Intarsie.
Maßwerk Gotisches Füllornament in Holz und Stein, vor allem für Leerfelder über Fenstern. Mit dem Zirkel konstruierte (»gemessene«), sich vielfach berührende oder überschneidende Bögen, Paßformen (Kreisabschnitte) und Stäbchen. Gelegentlich stilisierte Rose. »Blindes Maßwerk«: als Relief auf Mauer oder Möbel gesetzt.
Mezzanin (Betonung auf dem i) Halb-Etage zwischen Erdgeschoß und 1. Stock.
Miniatur Malerei in sehr kleinem Format. Blütezeit der Buch-Miniaturen in der Gotik, der Gemälde-Miniaturen (auf Kupfer, Elfenbein, Porzellan etc.) im 18. Jahrhundert und im Biedermeier.
Mosaik Bild- oder Schmuckfläche an Wänden, Decken oder Fußböden, die aus ungezählten zentimetergroßen farbigen Stein- oder Glasquadraten zusammengesetzt ist.

N

Nabis Hebräisch = Prophet. Gruppe von Pariser Malern um Sérusier, Bonnard, Vuillard Ende des 19. Jahrhunderts. Zu charakterisieren etwa als »Jugendstil-Fauves«.
Naturalismus In Malerei und Plastik eine Richtung (zu

fast allen Zeiten), die größtmögliche Naturtreue erstrebt.
Nazarener (auch »Deutschrömer«), Gruppe von hauptsächlich deutschen Malern, die ihr Ziel in einer christlich-erneuerten Kunst im idealisierenden Stil des jungen Raffael sahen. Sie ließen sich in Rom nieder und gründeten dort 1812 eine Bruderschaft. Hauptmeister: Overbeck, Führich, Hess, Olivier, Pforr, Fohr, Steinle und Cornelius.
Neo-Impressionismus Siehe Seite 69.
Neu-Barock, Gotik, Romanik Getreues Nachbauen im Stile alter Epochen. Beliebt vor allem im 19. Jahrhundert.
Neue Sachlichkeit Eine streng realistische Kunstauffassung mit kühler Beobachtung und kalter, glatter Technik. Kurze Blüte als Gegenbewegung gegen Expressionismus um 1925. Gelegentlich auch (etwas unglücklich) »magischer Realismus« genannt. Z. B.: Kanold, Schrimpf, Scholz, Dix.

O

Obelisk (griechisch = Spieß). Ein hoher, rechteckiger, sich nach oben verjüngender Steinspieß mit Pyramidenspitze. Einst ägyptisches Kultmonument, in der Neuzeit meist Denkmal.
Ochsenauge Kleines, rundes Fenster, dicht unter Kuppeldecken oder in Dächern. Beliebt im Barock.
Ottonische Kunst Siehe Seite 216.

P

Paneel Wandtäfelung.
Patina Die durch Verwitterung von Metall auf seiner

Oberfläche entstehende grünliche oder braune Schicht. Bei Bronzen wegen ihrer Schönheit stets unberührt gelassen. Wird oft gefälscht.
Pergola Allseitig, auch nach oben offener Pfeiler- oder Säulengang, meist berankt.
Pilaster Aus der Wand herausragender Halbpfeiler.
Pointillismus Siehe Seite 69.
Polyptychon Bildwerk aus mehr als zwei (Diptychon) oder drei (Triptychon) verbundenen Tafeln bestehend.
Pop art Siehe Seite 72.
Portikus Säulengetragener, offener aber gedeckter Vorbau vor Eingängen.
Porzellan Unterscheidet sich von Fayencen durch seine kompliziertere und im Material feinere Zusammensetzung (Kaolin, Feldspat und Quarz). Wird auch mit höheren Temperaturen (1400 Grad) und zweimal gebrannt.
Präraffaeliten Englische Malergruppe um 1850, die ähnlich wie die Nazarener eine Erneuerung durch christliche Verinnerlichung und zugleich Zurückgreifen auf die vorraffaelische Kunst anstrebten. Versanken rasch in Sentimentalität und redseligen Schwulst. Hauptmeister: Dante Rossetti, Burne-Jones, H. Hunt, Millais.
Predelle Sockel von Flügelaltären, gewöhnlich von dem gleichen Meister des Altarwerks geschnitzt oder bemalt (mit erzählenden Bildfolgen).
Profanbau Im Gegensatz zum religiösen Bau (wie Kirchen und Klöster).
Putte Aus dem Römischen übernommene Zierfigur einer kleinen Amorette. Besonders beliebt im Barock.

R

Realismus Kunstauffassung, die die ästhetische Wirkung darin sucht, daß sie Motiv und Komposition komplett aus der Wirklichkeit nimmt. Ähnlich, aber nicht gleich dem Naturalismus.

Régence-Stil Benannt nach dem Regenten Philipp von Orléans, zwischen Ludwig XIV. und Ludwig XV. Siehe Seite 153.

Relief Im Gegensatz zur Vollplastik eine nur schwach erhaben aus einer Fläche herausragende plastische Arbeit. Man unterscheidet, je nach dem Grad des Herausragens Flach- und Hochrelief.

Renaissance Siehe Seite 166 ff.

Retabel Als Vorläufer der gotischen Altarbildwerke: der einfache, bemalte oder skulptierte niedrige Altaraufsatz.

Risalit In voller Höhe vorgebauter Teil einer Fassade.

Rocaille Muschelförmiges, asymmetrisches Ornament des Rokoko, das dem Stil den Namen gab.

Rokoko Siehe Seite 121 ff.

Romanik Siehe Seite 214 ff.

Romantik Eine gegen Ende des 18. Jahrhunderts einsetzende Geistesströmung gegen die Kälte der Aufklärung und des Klassizismus, mit einem Hang zum Elegischen und Melancholischen. Die Romantik hat die Kunst mehrerer Epochen, vor allem die des Biedermeier überlagert.

Rustika Auch Bossenwerk. Der (hauptsächlich in der Renaissance) vor allem für das Untergeschoß verwendete klobige, roh bearbeitete Quaderstein.

Q

Quattrocento Italienische (abgekürzte) Bezeichnung für das 15. Jahrhundert.

Queen-Anne-Stil Englisches Barock Anfang des 18. Jahrhunderts, gekennzeichnet durch ausgesprochene Verbür-

gerlichung (ähnlich wie in Holland). Hauptsächlich in Baukunst und Möbel.
Querschiff Im Kirchenbau ein vor dem Chor das Langhaus kreuzendes »Schiff«.

S

Savonerola-Stuhl Mittelalterlicher Scherenstuhl aus Holzrippen.
Schiff Langhaus bzw. Querhaus (Querschiff) eines Kircheninneren. Bei Unterteilung des Langhauses unterscheidet man Mittelschiff und Seitenschiffe.
Secento Die italienische (abgekürzte) Bezeichnung für das 17. Jahrhundert.
Settecento Die italienische (abgekürzte) Bezeichnung für das 18. Jahrhundert.
Sgraffito Kratzmalerei zur Außenverzierung von Häusern, besonders in Friesform. Das Bild oder Ornament entsteht durch Abkratzen mehrerer verschiedenartig getönter, übereinanderliegender Verputz-Schichten.
Sheraton Englischer klassizistischer Möbelstil Ende des 18. Jahrhunderts, benannt nach dem englischen Kunsttischler Thomas Sheraton (1751—1806, auch Verfasser bedeutender Vorlage-Bücher).
Stifterfigur Gestalt des Bildstifters oder seiner ganzen Familie auf gotischen Kirchenbildern zur Verewigung des Schenkers. Auch bei Skulpturgruppen. Meist in verkleinertem Maßstab dargestellt. Nicht zu verwechseln mit Bildern, auf denen ein Auftraggeber sich zusammen mit seinem Schutzheiligen darstellen ließ.
Stollenschrank Ein (meist quadratischer) zweitüriger Schrank auf tischhohen kräftigen Beinen. Besonders beliebt im 15. und 16. Jahrhundert in den Niederlanden.
Strebebogen Siehe Strebepfeiler.

Strebepfeiler Vor der Außenmauer (meist gotischer Kirchenbauten) stehender hoher Mauerpfeiler, der vermittels zur Wand hinüberschwingender gemauerter Bögen den Seitendruck des Bauwerks abfängt.
Stuck Eine schnell erhärtende Gips-Kalkmischung, die vom Stukkateur zur Ausschmückung von Wänden und Decken mit reliefierten Figuren oder Ornamenten benutzt wird.
Stundenbuch (französisch: livre d'heures). Ein meist reich illuminiertes Laienbrevier mit handgeschriebenem Evangeliumstext und Kalendarium. Gewöhnlich als Auftragsarbeit eines hohen Herrn. Blütezeit im 15. Jahrhundert.
Stützenwechsel In der romanischen Baukunst der rhythmische Wechsel von Säule und Pfeiler in einer Reihe.
Surrealismus Siehe Seite 73.

T

Tachismus Vom franz. tache = Fleck. Spontane Spritz- und Klecksmalerei, seit 1950. Prominentester Vertreter: Jackson Pollock.
Tambour Das trommelförmige Zwischenstück zwischen dem Unterbau einer Kuppel und der Kuppelwölbung selbst.
Tapisserie Gewirkter oder gestickter Wandteppich.
Tektonik Grundsätze und Lehre vom kunstvollen Aufführen von Bauwerken.
Tempera Die mit Eigelb oder anderen leimigen Bindemitteln angesetzte Farbe. Bis zur Entwicklung der Ölmalerei (hauptsächlich durch Jan van Eyck Anfang des 15. Jahrhunderts) das übliche Malmittel. Bei Buchmalereien auch später beibehalten.
Tondo Italienisch = rund. Bezeichnung für Rundbild und Rundrelief.

Tonnengewölbe Deckengewölbe in Form eines Halbzylinders.
Trecento Italienische (abgekürzte) Bezeichnung für das 14. Jahrhundert.
Trifore Drillingsfenster. Das durch zwei Säulchen oder Pilaster dreigeteilte Fenster mittelalterlicher Bauten. Zweigeteilte: Biforen.
Triforium In Romanik und Gotik Laufgang mit dreifacher Bogenstellung in der Höhe der Mittelschiff-Fenster.
Triumphbogen In der romanischen Kirche der hohe Mauerbogen, der die Trennung zwischen Chor und Laienschiff versinnbildlichen soll.
Triptychon Siehe Polyptychon.
Trommel = Tambour.
Tudorstil Englische Spätgotik im 16. Jahrhundert.
Tympanon Bei Türen, die oben waagrecht abschließen, jedoch noch von einem Steinbogen bekrönt sind, nennt man so das Feld im Bogen. Meist reliefgeschmückt.

U

Überzimmern Mittelalterliche Bezeichnung für das Herausbauen des jeweils oberen Stockwerks über das untere, um den Raum über der Straße noch auszunutzen (Vorkragen).

V

Vedute Landschafts- oder Städtebild, bei dem jedoch das Malerische den Vorrang vor der Sachtreue hat (z. B. Guardi). Im umgekehrten Falle spricht man von Prospekt.
Verdüre Ein Typ von Tapisserie, der keine figürlichen

Darstellungen, sondern ausschließlich Blatt- und Rankenwerk zeigt.
Vermeil Vergoldetes Silber. Oft bei luxuriösem Tafelgerät des Empire und Klassizismus anzutreffen.
Volute Schneckenförmiges, wulstiges Ornament. In Renaissance und vor allem im Barock Fassadenschmuck in Form schneckenförmiger steinerner Rollen.

W

Wange Seitenwand einer Bank, besonders des Chorgestühls. Auch Bezeichnung für gewisse tragende Gewölbeflächen.
Wiener Sezession Träger des Jugendstils in Österreich. Siehe Seite 34.
Wimperg Gotischer, durchbrochener Ziergiebel über Fenstern und Türen.

Z

Zarge Bei Stühlen: das oft verzierte Brett zwischen Sitzfläche und Beinen; bei Tischen: das kastenförmige Zwischenstück zwischen Platte und Beinen.
Zeit »Aus der Zeit« besagt, daß das betreffende Kunstwerk nicht nur im Stil einer Zeit, sondern auch *in* ihr geschaffen worden ist.
Zwerggalerie Eine Schein-Säulenarkade als Zierde an Fassaden (auch in mehreren Etagen) und an Apsiden von romanischen Kirchen.
Zwillingsfenster = Biforen, siehe unter Triforen.
Zylinderschreibtisch Schreibsekretär mit Rolldach über der Schreibplatte.

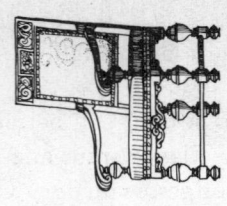
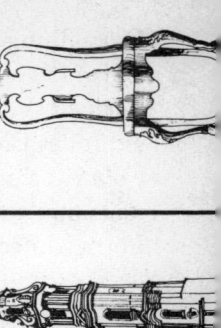

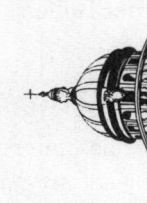
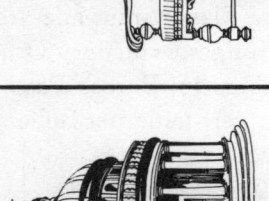
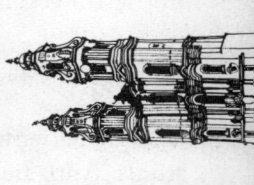

Religionsreformer Hus wird verbrannt.
Husitten-Kriege.

Gutenberg erfindet die Buchdruckerkunst.
Humanistische Welle.

Entdeckung Amerikas.
Exakte Forschung setzt ein: Nikolaus von Kues,
Kopernikus, Galilei, Paracelsus, Regiomontanus.

Luther übersetzt die Bibel und schafft Einheit
der deutschen Sprache.
Heinrich VIII. löst England von Rom.

Bartholomäus-Mordnacht in Frankreich.

Shakespeare.

Dreißigjähriger Krieg.
Niederlande werden selbständig.

Der Westfälische Friede zerstückelt Deutschland.
Totale Verarmung Deutschlands.

Französische Raubüberfälle. Zerstörung der Pfalz

BAROCK

RENAISSANCE

1400
1450
1500
1550
1600
1650

 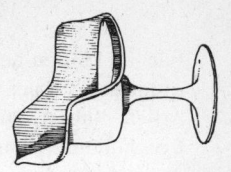

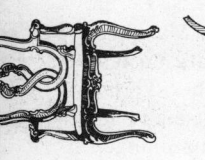 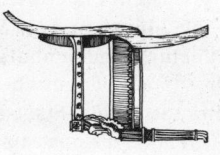 

Ludwig XIV., 72 Jahre lang König, stirbt.
Bach, Händel, Vivaldi.
Friedrich der Große. Maria Theresia.
Franz.-engl. Kolonialkämpfe in Amerika.
Mozart. Winckelmann.
Fulton und Watt erfinden Dampfschiff.

Revolution in Frankreich.
Goethe. Schiller. Kant. Locke. Hume. Beethoven.

Napoleon kommt.
Napoleon tritt ab. Wiener Kongreß.
Wartburgfest, student. Bewegungen.
Schliemann gräbt Troja aus.
Japanische Kunst dringt nach Europa.
Zahll. Reichsgründungen. Brit. Empire.

Benz und Otto. Erste Wolkenkratzer in Chicago.
Neue Olympische Spiele. Frauenemanzipation.
Kneipp. Wandervogel. Boy-Scouts.
Erster Weltkrieg. Versailler Diktat.
Bolschewismus in Rußland, Faschismus in Italien.
USA beginnen Fließband-Produktion.
Hitler. Zweiter Weltkrieg. USA werfen Atombomben auf Japan. Zerstückelung Deutschlands.
Prosperity setzt ein. Verselbständigung der Farbigen. Weltraumflüge. Herzverpflanzungen.
Sexualneurose. Jugendrevolten.

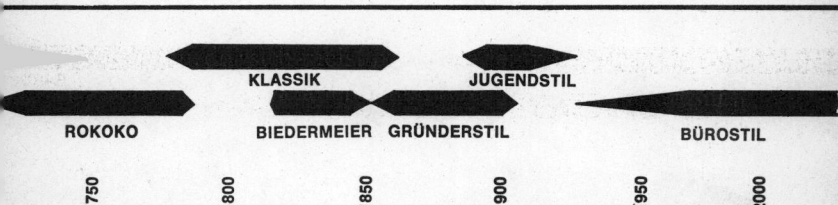

Für die Mühen bei der Bereitstellung des Bildmaterials danken Autor und Verlag in erster Linie Frl. I. Müller, Verlag Mensch & Arbeit Robert Pfützner, München, sowie folgenden Stellen: Bruckmann Verlag, München; Bildarchiv Foto Marburg; Fremdenverkehrsamt Goslar; Bavaria-Verlag, Gauting; Kindler Verlag, München; Österreichische Nationalbibliothek, Wien; Germanisches Nationalmuseum, Nürnberg; Alinari, Florenz; Georg Christ, Würzburg; Giraudon, Paris; Ullstein Bilderdienst, Berlin; Bayerische Staatsgemäldesammlung, München; Foto Max Baur, Aschau; Staatliche Porzellanmanufaktur, Nymphenburg; Castelli, Lübeck; Deutsche Fotothek, Dresden; Süddeutscher Verlag, München; Westermann Verlag, Braunschweig; Staatsbibliothek Berlin; Stadtmuseum München; Öffentliche Kunstsammlungen, Basel; Städtische Galerie München; Archivio Fotografico dei Musei Civici, Mailand; Niggemeyer, München; Landesgewerbeamt Baden-Württemberg; Prestel Verlag, München; Kunstgewerbemuseum Zürich; Keystone, München; Engels, Bonn; USIS, München; Cassina, Meda/Mailand

Joachim Fernau

Die treue Dakerin

Erzählung

Ullstein Buch 20813

»Man kann diese flüssig geschriebene Erzählung als amüsantes Rätsel lesen, als Puzzle ansehen. Die treue Dakerin ist eine Dame, die in Paris lebt, aus Rumänien stammt und mit dem berühmten Autor historischer Bücher einen Briefwechsel beginnt. Wer ist die geheimnisvolle Briefschreiberin? Dieses verraten hieße dem Leser die Lust am Rätselraten nehmen.«
Welt am Sonntag

ein Ullstein Buch

JOACHIM FERNAU
Und Er sah, daß es gut war

Das Alte Testament erzählt

HERBIG Fragment

160 Seiten

HERBIG